本书出版得到国家自然科学基金项目"突破习惯领域：基于创业学习过程的创业者经验对新创企业双元机会识别和绩效的影响机理研究"(编号：71602028)、江西省高校人文社会科学研究项目"三螺旋理论视角下大学生创业能力构建机制研究"(编号：GL17203)、东华理工大学博士科研启动基金项目(DHBW2015333)的联合资助。

汤淑琴 ◎ 著

创业者经验、
双元机会识别
与新企业绩效的关系研究

Research on Entrepreneurial Experiences,
Ambidextrous Opportunity Recognition and
New Venture Performance

中国财经出版传媒集团
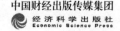
经济科学出版社
Economic Science Press

图书在版编目（CIP）数据

创业者经验、双元机会识别与新企业绩效的关系研究/
汤淑琴著. —北京：经济科学出版社，2018.12
ISBN 978 - 7 - 5218 - 0140 - 8

Ⅰ.①创… Ⅱ.①汤… Ⅲ.①创业 - 企业绩效 - 企业
管理 - 研究 - 中国 Ⅳ.①F279.23

中国版本图书馆 CIP 数据核字（2019）第 011854 号

责任编辑：李 雪 赵 岩
责任校对：王苗苗
版式设计：齐 杰
责任印制：邱 天

创业者经验、双元机会识别与新企业绩效的关系研究
汤淑琴 著
经济科学出版社出版、发行 新华书店经销
社址：北京市海淀区阜成路甲 28 号 邮编：100142
总编部电话：010 - 88191217 发行部电话：010 - 88191522
网址：www. esp. com. cn
电子邮件：esp@ esp. com. cn
天猫网店：经济科学出版社旗舰店
网址：http：//jjkxcbs. tmall. com
北京季蜂印刷有限公司印装
710 × 1000 16 开 13. 75 印张 240000 字
2019 年 1 月第 1 版 2019 年 1 月第 1 次印刷
ISBN 978 - 7 - 5218 - 0140 - 8 定价：49. 00 元
（图书出现印装问题，本社负责调换。电话：010 - 88191510）
（版权所有 侵权必究 打击盗版 举报热线：010 - 88191661
QQ：2242791300 营销中心电话：010 - 88191537
电子邮箱：dbts@ esp. com. cn）

前　言

创业在促进我国经济增长与发展方面起到了举足轻重的作用，近年来，我国的创业活动异常活跃，但是新企业的成功率却非常低。对于创业者来说，创业就如漫长的马拉松一样，最终能够跑到终点甚至是取得优异成绩的毕竟是少数，市场中很多新企业的表现如昙花一现，创建后很快就遭到市场的无情淘汰。但是通过现实观察也发现，各个领域不乏一些新企业在激烈竞争的市场环境中生存并快速发展起来。那么是什么因素促使这些企业能够取得优异的绩效表现呢？尤其是我国正处于经济转型时期，新企业在创建和成长过程中受到创业环境的双重影响，经济快速增长，市场和制度环境尚待完善导致大量创业机会的涌现，但是如何在市场体制尚待完善的环境下摆脱资源困境从而成功识别和利用机会对于创业者又提出了更高的挑战，基于这一现实问题，本书在借鉴知识管理理论、经验学习理论和组织双元理论等研究的基础上，构建了创业者经验、双元机会识别与新企业绩效间关系的概念模型，深入解释不同类型的创业者经验对双元机会识别的影响差异，以及知识共享在两者间所起的调节作用；同时，分析不同技术密集型行业背景下（高科技—非高技术行业），双元机会识别对绩效的作用差异。

随后，本书采用问卷调查方式，在吉林、北京和广东三个地区进行实地调研，最终获得334份有效问卷，采用多元线性回归方法检验本书提出的理论假设，最终本书所提出的假设大部分得到了数据支持。数据检验结果显示，创业、职能和行业经验是创业者知识和技能的关键来源，对探索型和利用型机会存在不同的影响，同时知识共享在内部导向职能经验、外部导向职能经验与探索型机会识别间及创业经验、外部导向职能经验与利用型机会识别间起着积极的调节作用。

首先，在技术领域的双元机会识别与绩效间关系方面，对于高科技和非高科技企业而言，单独追求技术探索型机会和利用型机会对绩效的影响均显著为正，并且技术探索型机会对绩效的影响更大。此外，平衡地追求技术探索和利用型机会时绩效表现更好。其次，在市场领域的双元机会识别与企业绩效间关系方面，对于高科技和非高科技行业而言，单独追求市场探索型机会和市场利用型机会均积极影响企业绩效，并且市场探索型机会的影响效果更大。此外，平衡型市场双元机会对高科技新企业绩效的影响并不显著，但是积极影响非高科技企业绩效。最后，在跨越技术和市场领域的双元机会识别与绩效间的关系方面，对于高科技和非高科技行业而言，追求创新性较低的市场渗透机会（技术利用—市场利用）消极影响企业绩效，激进式创新机会对企业绩效的作用则不显著。此外，追求市场开发机会（技术利用—市场探索）和技术开发机会（技术探索—市场利用）积极有益于企业绩效的提升，其中技术开发机会的作用更大。

本书立足于当前创业领域和组织管理领域关注的焦点问题——组织双元性，基于当前理论研究不足，将双元性概念与创业机会识别相结合，从双元机会识别视角，剖析新企业组织双元性构建问题，并以中国转型情境下的新企业为研究对象。不仅揭示了不同类型的创业者经验对双元机会识别的影响，知识共享所起的调节作用；同时更加细致地分析新企业如何在技术和市场领域平衡地选择探索和利用型机会，并进一步对比高科技行业与传统非高科技行业企业实现组织双元性过程中存在的差异。本书研究有助于弥补现有组织双元性、新企业创业行为及创业者经验相关研究的不足，具有较高的创新性，具体表现为以下三个方面：

第一，基于现有组织双元理论研究存在的不足，探索中国转型经济背景下的新企业双元性构建问题，分析创业者的先前知识和经验是如何影响新企业的双元机会识别，揭示了创业者的不同类型经验对新企业的作用机理，有助于丰富新企业创建的相关理论。

第二，考虑到"经验陷阱"问题，本书进一步分析组织内部知识共享在创业者的不同类型经验与双元机会识别之间所起的调节作用，这为我国新企业如何构建知识共享文化，从而强化创业者经验在机会识别过程中的积极效应提供了一定的现实启示意义。

第三，结合中国转型环境特征，构建双元机会识别对新企业绩效的影响模型，系统整合技术—市场和探索—利用分析框架，区分了四种类型的创业机会识别：技术探索型、技术利用型、市场探索型、市场利用型机会识别；并结合不同行业环境特征，探索在高科技和非高科技行业背景下，新企业如何在技术和市场两方面追求双元机会及其对绩效的影响。通过分析在不同行业环境下的创业者机会选择问题，能够指导创业者如何根据自身的资源优势和所处行业环境进行更为细致的机会选择决策，对资源和能力投入的重点领域进行选择、取舍和平衡，进而构建组织双元性，从而实现资源/能力、企业行为与环境间的匹配。

汤淑琴

2018 年 9 月

目录

第一章

绪　　论

第一节　选题背景[①]

选题背景一：中国的创业活动非常活跃，但是失败率也极高。

改革开放 40 年来，我国经济和社会发展取得了举世瞩目的成就，并已成为世界经济强国之一。毫无疑问，创业在促进经济增长与发展方面起到了举足轻重的作用。在我国经济转型阶段，鼓励和扶持新企业的生存和快速发展有助于推动我国经济发展和产业升级。尤其是近年来，我国大力推进全民创新创业，并已形成"大众创业、万众创新"的社会浪潮，这激发了大量的市场新能量，成为我国缓解就业压力、拖动经济结构升级、深化供给侧改革的重要推动力量；同时也带动了我国企业的制度和经营管理方式的创新与变革，创新创业正在成为中国经济稳定并长远发展的动力源泉。

《全球创业观察（GEM）中国报告——2002～2011 创业十年变迁》

① 本书研究选题来源于国家自然科学基金重点项目《中国转型经济背景下企业创业机会与资源开发行为研究》。

显示：我国总体创业活跃程度日益提高，并已成为全球创业活动最活跃的地区之一。2002 年中国的创业活动指数是 12.3%，即每 100 位年龄在 18～64 岁的成年人中，参与到创业活动的人数是 12.3 人。2006 年，中国的创业活动指数达到 16.2%，排在全球第六位，创业活动处于非常活跃的状态。作为亚洲的发展中国家之一，中国的创业活动已经超越日本、新加坡、印度而位居前列，同时逐渐由生存驱动型创业转变为机会驱动型创业。2011 年的全球创业观察报告发现，在观察的 54 个成员国家中，中国的创业活动指数排名第一，相比 2010 年的第 15 位而言，实现了大幅度的提升。这些统计数据表明，我国正处于全民创业的火热状态中。

但值得关注的是，创业活动本身是一种高风险行为。《财富》杂志的统计数据显示，全球的创业失败比率高达 70%，多数企业难以度过生存阶段，能够进入快速成长阶段的新企业比例更少。目前统计数据来看，我国创业活动的活跃度非常高，但是新企业的成功率却非常低，中国创业企业的质量和存活率有待提高。全球创业观察 2011 报告通过对比各成员国的初创企业与既有企业（营业时间超过 3 年半的企业）发现，中国初创企业的活跃度最高，但是即有企业的比例偏低。2013 年国家工商总局发布的《全国内资企业生存时间分析报告》以 2000 年以来新成立的企业为观察对象，经过研究发现，截至 2012 年底，我国实有企业近 1322 家，但是近五成企业的年龄在 5 年以下，10 年以上的企业仅占企业总量的 17%。尤其是随着信息技术和互联网的发展，网络和信息技术逐渐突破电子商务向各行业渗透，在多方面给传统产业带来了变革的同时涌现了大量机会，企业的营销方式、战略方向、商业模式和顾客的需求均与传统经济时代存在差异，这促使新企业面临的竞争环境尤其复杂，创业活动成功率更低。由此可见，新企业要想获得生存和持续的成长是非常不易的，对于创业者来说，创业就如漫长的马拉松一样，最终能够跑到终点甚至是取得优异成绩的毕竟是少数。尤其是处于我国这种效率驱动型经济背景下，新企业如何采取有效方式以平衡短期的效率需求和长远发展是其取得生存和成功的关键之一。

选题背景二：高度复杂的竞争环境下，短期生存与长期发展的平衡。

随着技术变革的加速和经济全球化的深入，企业所面临的外部环境日趋复杂，行业中的竞争更加剧烈，这导致市场中很多新企业的表现如昙花一现，很快就遭到市场的无情淘汰。但是通过现实观察发现，近几年来我国的创业活动异常活跃，各个领域不乏一些企业在激烈竞争的市场环境中生存并发展起来。各个行业的新企业异军突起，尤其是随着互联网的快速发展，这些新企业在激烈竞争的市场中生存并不断发展，如阿里巴巴、小米手机、腾讯、苏宁电器、顺丰速运等。它们在市场中生存并取得了优异的绩效，2012 年阿里巴巴、腾讯、百度、京东 4 家企业进入全球互联网公司十强。

阿里巴巴是这些成功企业的典型代表之一，2014 年 9 月 23 日随着马云及 8 名客户敲响纽约证券交易所的开市钟，马云及阿里巴巴成为全球关注的焦点。阿里巴巴是由马云带领 18 位团队成员于 1999 年在杭州的公寓中创立的。创建之初，马云凭借其先前的技术和创业经验以 B2B 的模式进入电商领域，随后为了企业的长远发展，马云在加强现有商业模式的基础上逐渐扩宽企业的经营模式，通过创建淘宝、天猫商城、阿里软件等横向一体化和建立支付宝、余额宝并购雅虎等纵向一体化方式，不仅保障了企业的短期生存需要，同时为阿里巴巴的长期发展奠定了夯实的基础。此外，苏宁电器是中国传统商业企业的领先者，经营商品涵盖传统家电、消费电子、百货、日用品、图书、虚拟产品等综合品类，面对京东商城、淘宝网等电商企业的冲击下仍然表现出优良的业绩，2014 年苏宁仍然分别位列"中国民营企业 500 强"和"中国民营企业服务业 100 强"，是全球家电连锁零售业市场价值最高的企业之一。苏宁创办于 1990 年，早期发展阶段通过"租、建、购、并"四位一体的方式，在全国数十个一、二级市场建立旗舰店、社区店、专业店等线下实体店，不断巩固了企业线下销售的竞争力。同时，为了应对互联网的发展，苏宁在发展线下实体店的同时逐步探索线上与线下多渠道融合的经营模式，陆续推出苏宁易购、苏宁私享家、云应用商店等新兴模式发展。

阿里巴巴这一新兴互联网企业在过去十五年的迅猛发展过程中，是什么因素驱动其迅猛发展？作为传统零售企业的苏宁电器又如何在互联网背景下实现持续发展？到底是什么因素促使企业能够在激烈竞争环境的洗礼下获得持续成长？从这些成功企业的发展我们发现了一个共同点：在创建和发展过程中，企业通过选择恰当的商业机会以很好地平衡短期和长期发展需求，这些机会不仅仅满足短期生存需求，同时还为企业的长远发展奠定基础。机会是创业研究中的一个永恒话题，新企业来源于创业者与机会间的交互（Shane，2000）。但是，中国作为转型经济体的典型代表，其环境特征表现为市场逐渐向私营企业和海外投资者开放，同时经济保持快速发展，这些特征给新企业创造了大量的发展机会。然而，我国经济体制改革的历史相对较短，并且顾客需求、竞争者与合作伙伴的行为方面难以预测，这些不确定因素导致新企业面临着巨大的威胁，促使新企业处于不稳定环境中（徐淑英等，2008）。同时，中国的新企业面临着显著的资源约束，带来的挑战就是如何应对具备丰富资源基础的大型成熟企业的挤压，以及层出不穷的新进者的竞争。

转型经济是计划经济向市场经济转型的过程中呈现的特殊形态，在这种环境下，经济结构转型与重构将产生旧制度废除和修订、新制度的创立以及出现"制度洞"和制度断裂等现实问题，这种情境蕴含着大量的创业机会（李雪灵等，2010）。但是，我国转型经济的二元环境特征也导致市场环境中的不确定性因素增加，如政策变化迅速、资本市场尚待完善、国有企业与私营企业并存等方面，这就导致新创业企业在创建和早期成长过程中面临的威胁更大（徐淑英等，2008）。

我国转型环境的独特特性促使新企业面临机会与威胁并存的处境，难以看清未来的发展趋势（蔡莉等，2014）。在这种环境下，新企业所面临的核心挑战是：如何在知识更新迅速、竞争高度不确定和有限初始互补性资源的情境下识别合适的发展机会，即创业者在有限的资源情境下，如何识别和选择不同类型的机会，从而实现资源/能力、环境与企业行为间的匹配。在科技进步日新月异以及全球化迅猛发展的今天，尤其是随着互联网技术的发展，新企业面临着复杂多变的外部经营环境，如何保持企业的动态竞争优势以应对外界的变化和挑战对企业的经营发展具有重要意义。组织双元性，即强调对探索和利用型机会的追求，对于转型经济背景下的企业是至关重要的，因为这能够帮助企业动态平衡短期和长期需求。因此，面对高度动态和复杂的转型环境，新企业如何选择探索和利用型机会以平衡短期和长期的发展，以及作为企业核心人物的创业者是如何影响这一平衡过程是值得我们深入思考的问题。

选题背景三：创业者经验及组织内部知识共享文化发挥了至关重要的作用。

在实践中当我们提到一个企业时，脑子可能会反射出这个企业背后创业者的名字。大量学者将创业者和企业的生存与发展发展紧紧联系在一起，如阿里巴巴的创业者马云、百度搜索的创业者李彦宏、腾讯公司的创业者马化腾等。创业者是助推新企业生存和快速发展的"催化剂"，在创业活动中，尤其是早期创建阶段，创业者身兼数职，负责新企业的全面运营，甚至直接参与到企业的实际各项运营活动。此阶段对他们的职权可以较为形象地描述为"万事大总管"，在这个过程中创业者的先前经验对新企业的创建和成长起着至关重要的作用，包括创业经验、职能经验和行业经验等。创业者的现有知识和资源基础影响企业的扩张程度，这些集成的知识不仅是识别商业机会的基础，也影响创业者在后续创业活动中管理能力的提升程度。企业管理能力的大小取决于管理者所具备的资源和知识（Shane，2000）。

此外，源于战略管理理论学派中的高层梯队理论和企业家理论指出，创业者的先前经验作为企业的原始资源和能力禀赋，对于新企业的战略选择和创业行为具有重要的影响，进而作用于绩效。创业者先前积累的独特经验，以及在经验基础上所形成的人力资本、社会资本、认知模式等方面是决定新企业绩效的关键因素。管理者的职能、行业等经验往往意味着组织的基本独特能力，因为转型经济下市场逐步开放、引入竞争机制，管理者的经验能够促使新企业在市场竞争中构建其独特的优势（Li & Zhang，2005）。

现实的另一个问题是，很多具备同等丰富经验和能力的创业者和团队所创建的企业绩效表现存在很大的差异，甚至表现更差或面临创业失败。通过案例观察发现，对于新企业来说，创业者如何将自身知识基础转化并沉淀为组织知识至关重要，对于组织结构尚待完善的新企业来说尤为重要。因为新企业内部缺乏成熟的知识流动体系和制度，而有效的知识共享文化能够直接影响组织的内部信息流动，并促使创业者所具备的知识在组织内部自由地流动。同时，在知识共享过程中创业者能够与团队其他成员形成互动，进而强化创业者经验对新企业的影响效果。因此，本书研究试图探索知识共享在创业者经验发挥效用过程中所起的作用。

第二节　研究问题与研究意义

根据前面的选题背景发现，近年来我国的创业活动异常活跃，失败率也极高，但是，在现实中不同行业领域中仍然有大量的企业生存并发展下来，那么到底是什么因素促使这些企业能够取得优异的绩效表现，而另外一些新企业却只是在市场竞争中昙花一现呢？尤其是我国正处于经济转型时期，新企业在创建过程中受到创业环境的双重影响，经济快速增长，市场和制度尚待完善导致大量创业机会的涌现，但是如何在市场体制尚待完善的环境下摆脱资源困境从而成功识别和利用机会对于创业者又提出了挑战（Peng，2003）。基于这一现实问题，本书的研究从以下三个方面的内容展开，以深入剖析新企业创建和成长的内在过程。

第一，创业者经验是新企业知识和信息的重要来源之一，在当前的研究中，多数学者认为，创业者的创业、职能和行业等经验对新企业具有重要的影响，但是这种影响究竟是正向还是负向，或是倒置 U 形等非线性，相关的结果呈现出"经验悖论"。通过理论梳理发现，创业者的经验通过何种路径对新企业绩效产生影响，这是现有研究所忽略的。机会识别是新企业创建和发展过程中的重要行为，对于新企业来说，在机会识别行为方面也面临着双元的问题（Gedajlovic et al.，2012），因此，本书的研究试图从双元机会识别角度，探索创业者的先前知识和经验是如何影响新企业的双元机会识别，揭示了不同类型的创业者经验对新企业的作用机理，有助于丰富新企业创建的相关理论。

第二，组织内有效的知识共享行为有助于创业者经验的效用最大化。虽然创业者经验是新企业竞争优势的重要来源，但是经验发挥作用的过程还受到组织内部知识共享过程和文化的影响。经验反映了创业者先前经历的事件，在面对新的问题时（包括战略决策、机会识别），创业者通过将新的创业活动与创业者先前的工作经验进行对比，从而使创业者能够在新情境下采取创业行动（Jones & Casulli，2014）。但是，创业是非线性、非惯例化和复杂的动态过程，在面对新的创业问题时仅仅依靠先前经验可能会陷入经验学习陷阱。此外，当创业者的经验性知识难以解决新的创业问题时，必须补充缺失数据并解决信息间的冲突问题，而组织成员间的知识交流和整合，尤其是创业者经验与其他组织成员间的交互，有助于创业者自身经验发挥更大的效果（Oe & Mitsuhashi，2013）。因此，知识共享如何影响不同创业者经验与机会识别行为间的关系有待深入研究。

第三，不同行业（高科技和非高科技行业）背景下，双元机会识别对新企业绩效的影响差异。特定的行业环境也是影响新企业创业行为的重要因素，企业并不是在真空中运营，他们必须对外部行业环境做出反应，不同类型的创业机会对企业绩效的影响和其所处的行业环境背景存在很强的相关性（Kirner et al.，2009）。对于传统制造企业而言，他们面临的是机会创新程度偏低、行业增长速度较慢、新产品/服务需求较少以及市场结构同质化程度高等相对稳定的行业环境，而高科技行业的技术变革迅速，创新型机会更多（Man & Lau，2005），因此，在这两种行业背景下企业在技术和市场领域所采取的行为是存在差异的。

基于以上观点，本书的研究整合探索—利用和技术—市场分析框架，试图探索在不同的行业背景下，新企业如何在技术和市场两方面追求双元机会及其对绩效的影响（具体框架见图1-1）。通过分析在不同行业环境下的创业者机会选择问题，能够为创业者和管理者提供一定的启示，指导创业者如何在不同的环境下构建组织双元性，从而实现资源/能力、企业行为与环境间的匹配。

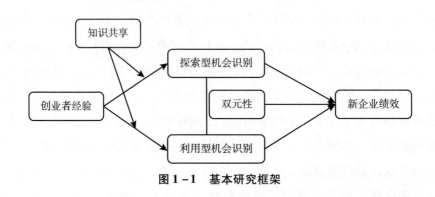

图1-1　基本研究框架

第三节　研究方法与技术路线

一、研究方法

本书的研究综合采用定性和定量研究方法，以深入分析创业者经验、双元机会识别和新企业绩效间的复杂关系，主要包括以下三方面：

第一，文献研究。在理论模型构建之前，我们先对创业者经验、双元理论、机会识别、知识共享、新企业绩效等相关领域的国内外研究进行系统搜索和整理。在国外文献搜索方面，本书的研究采用关键词在 Google Scholar、EBSCO、Elsevier Science、Emerald、JSTOR、PROQUEST 等搜索平台和数据库搜索与本书研究相关的外文文献，尤其重点关注对创业研究较多的期刊和管理领域顶级期刊中的文献。在国内文献搜索方面，我们通过中国知网、万方数据平台等途径查阅与本书研究相关的文献。随后，对所搜集的文献进行阅读、整理和归纳，从而厘清创业者经验、双元机会识别、绩效、知识共享等主题的研究现状和热点，进而为本书研究的模型构建和假设提出奠定基础。

第二，案例分析。通过二手案例资料和创业者访谈等途径收集案例资源，通过深入剖析现实案例了解企业的现实运营问题，进而有助于提出研究问题，同时也为后续的问卷设计奠定了基础。

第三，问卷调查和大样本数据检验。为了检验本书研究所提出的假设，我们采用问卷调查的方式收集数据，在样本框设计和分层抽样时考虑行业、区域等因素。数据搜集完毕后，借助 SPSS 16.0 统计软件，采用因子分析、多元线性回归等科学的统计方法对数据进行分析和检验，并在此基础上提出政策建议。

二、技术路线

本书的研究在梳理创业者经验、组织双元性、机会识别、知识共享等主题的国内外理论研究和新企业案例分析的基础上，构建了创业者经验、双元机会识别、知识共享和新企业绩效之间的关系模型，研究的具体技术路线见图 1-2。

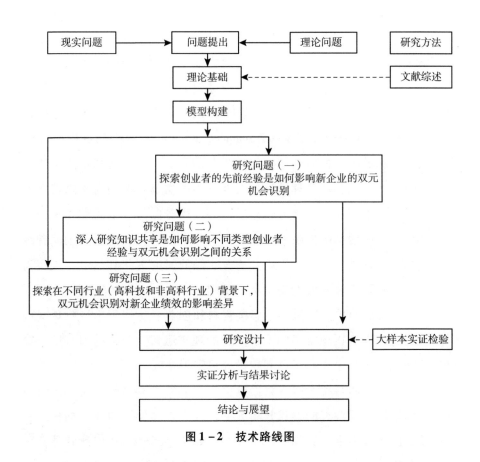

图1-2 技术路线图

第四节 研究的结构

针对以上研究问题，本书的研究从以下研究思路展开：先前的经验是创业者背景特征和能力的重要表现，对于创业过程具有重要的影响，并且知识共享在经验发挥效果过程中起着重要的调节作用，有助于创业者更有效地采取创业行为。同时，创业者经验并不是直接或自动转化为新企业绩效，而需要通过特定的中间路径，如，机会识别过程才能产生影响。因此，本书的研究结合中国转型经济环境和新企业自身特征等因素，深入剖析创业者经验如何通过机会识别这一中间路径从而对绩效产生影响，以及知识共享在其间所起的调节作用。

基于以上研究内容和目的，本书的研究总共分为八章，论文的章节安排如下：

第一章，绪论。主要梳理了本书研究的选题背景、研究意义及主要关注的核心问题，同时为了实现研究目的而选择合理的研究方法和技术路线图，最后提出了本书研究的论文结构安排。

第二章，理论基础与文献综述。本部分主要梳理了知识管理理论、创业者经验、机会识别、双元理论和新企业绩效等相关研究现状。基于先前相关研究基础上梳理和提炼出现有研究的不足和未来发展趋势，从而为研究问题的提出和模型构建奠定理论基础。

第三章，概念模型。在梳理和界定创业者经验、双元机会识别和知识共享等变量的概念及内涵、现有研究不足和现实问题的基础上，构建本书研究的具体概念模型。

第四章，提出创业者经验与双元机会识别关系的假设。本章节是研究的核心之一，目的在于深入揭示创业者经验对双元机会识别的影响，同时分析知识共享在两者间所起的调节作用。研究问题是探讨创业过程中创业者如何高效地利用自身的先前经验，从而指导创业者如何根据自身具备的知识优势选择合适的创业机会，以及如何构建高效的知识共享文化来提升自身经验性知识的效用。

第五章，提出双元机会识别与新企业绩效关系的假设。本章节是研究的另一核心内容。目的在于揭示双元机会识别对新企业绩效的影响，主要从两个角度进行探讨，一是双元机会识别存在于技术和市场领域，整合探索—利用和技术—市场这两个框架，更为细致地划分了双元机会识别的类型；二是不同的行业环境下，双元机会识别对新企业是存在不同影响的，因此本部分对比分析高科技行业和非高科技行业背景下，双元机会识别对绩效的影响差异。

第六章，研究设计。针对研究内容、目的和提出的理论假设，本章主要进行实证研究设计，包括数据的收集、问卷设计、变量度量，以及对数据同源偏差、信度和效度进行检验，为后续的实证分析奠定基础。

第七章，实证分析与结果讨论。本章节借助 SPSS 16.0 软件，采用多元回归分析对所提出的理论假设进行系统验证。然后，根据数据分析结果进行深入的讨论，解释数据结果的原因及其意义，并在此基础上提出对创业者/企业家的实践启示。

第八章，结论与展望。在理论梳理和数据分析的基础上提出研究结论和创新点，并根据本书的研究存在的不足和缺陷提出未来研究展望。

第二章

理论基础与文献综述

第一节　知识管理理论

一、知识

（一）知识的内涵

无论在理论还是实践中，"知识"是使用最频繁的词汇之一，尤其是在当今知识经济和技术快速变化的时代，知识已经成为企业获得可持续竞争优势的重要来源之一。巴尼（Barney，1991）提出的资源基础理论认为，企业竞争优势来源于组织是否具备有价值、稀缺、难以模仿和不可替代的资源。在组织的诸多资源中，知识资源往往是具有战略特性的，是企业构建核心竞争优势的关键因素，由此，知识基础理论的重要性逐渐涌现出来，认为企业是一个知识集合体，绩效优异的企业往往是因为组织内部战略性资源非常丰富，且组织成员间能够很好地协调和共享知识（曹勇和向阳，2014）。

知识管理作为一个富有理论和实践研究价值的新兴领域得到了学者们的广泛关注，但是对于知识的定义以及分类还是比较模糊，仍然是一个争论不止的问题。目前，学者们从不同视角界定了知识的概念和内涵。通过文献梳理发现，英克潘和迪努尔（Inkpen & Dinur, 1998）认为知识是关于事物运作规律的理解，具有可预测性。格兰特（1996）认为，知识是一种由经验、认知、价值观、信息等元素形成的动态组合，这些不同组合所形成的结构不仅能够促使组织或个体不断地吸收新的信息和经验，而且能够为个体和组织评估新信息提供了基础框架。因此，对于组织来说，知识不但储存于文档资料中，还存在于组织的流程、惯例、结构中，是组织持续运作和获取可持续竞争优势的关键因素。

阿罗毗和莱德纳（Alavi & Leidner, 2001）将知识定义为个体所拥有的能够帮助解决特定问题的方法集合，与任务有关的专业知识能够帮助个体提供解决问题或完成特定任务的认知路径集合。德夫等（Dew et al., 2004）认为知识是具有一定价值和可信度的累积信息，是认知过程中的重要属性，其特征是结构化和条理分明。倪宁和杨玉红（2011）基于建构主义的认识论提出，知识不是对先前事件和事实的表征，而是个体或群体分析及组织后的创造性产物，使其能够被理解并可用于解决特定的问题；并且知识并不是客观性和普遍性的，知识存在历史依赖性和情境敏感性。

（二）知识的特征

奥地利学派经济学家海克（Hayek, 1945）是较早对知识进行分类的学者，他首次在其著作中假定：任何两个人所拥有的关于经济的知识或信息均不相同，并且区分了两种类型的知识：首先，科学知识，一种相对稳定的、由相关领域专家掌握的知识；其次，特定时间和地点的分散性知识，是社会经济发展的关键元素，只有具备这些知识的个体才能判断其重要性。诺纳卡（Nonaka, 1994）认为知识是被证实为真的信念，它既包括能够清楚表述的信息，也包括有助于人们更有效工作的技能和专长。格兰特（1996）指出知识是个体或组织所知道或了解的信息，包括实践知识、智力知识等方面，并且认为知识存在三个特征：可转移性、可聚合性、可占有性。

在知识经济时代，知识已经取代人力、资本、物质等传统资源而成为企业获取竞争优势的关键资源。但是，与一般的资源相比知识具有其独特特征，主要体现为三个方面：首先，知识不会因使用而被消耗，可以重复使用，因此知识比一般性资源具有更高的生产效率和价值；其次，知识存在边际收益递增的独特属性，知识在不断使用过程中而得到积累、精练和增值；最后，知识具有非排他性，对特定知识的使用并不会影响其他掌握知识资源的个体正常使用以完成工作任务，即知识的非竞争性（樊治平和孙永洪，2006）。

（三）知识的分类

在知识管理研究领域，较多学者认同赖尔（Ryle，1949）对知识的分类，他从知识内容视角出发将知识分为两种类型：一类是知道是何，是那些可以明确表达以及能够帮助人们更有效地采取行为的知识，一类是知道如何，是那些无法明确表达的诀窍性知识。在此基础上，波尼亚尼（Polyani，1975）将知识明确划分为显性知识和隐性知识，这种分类方法在管理学领域中得到了后续学者的广泛认可和引用，其中，显性知识是易于编码、整理和存储的知识，主要以专利、技术流程、发明等形式而存在；相反，隐性知识与特定情境相关，难以通过编码或语言等方式明确表达且以正式方式存储，往往描述为专有知识，是特定实践过程的产物。相比于显性知识，隐性知识存在着显著优势。虽然隐性知识与个体行为具有高度嵌入性，这些知识难以和他人共享和被他人观察和学习，但是这两种知识间可以通过社会化、外化、组合和内化四个过程进行转化（Cowan et al.，2000）。

诺纳卡（1991）深入分析了组织知识的创造及利用机制，他在研究中将组织知识细分为四种类型：第一种是经验性知识，即个体基于先前经历（工作、学习、培训、创业等）所积累的隐性知识，是个体能力构建的重要来源；第二种是概念性知识，具体指通过语言、文字或明确编码的知识、设计和概念等；第三种是常规性知识，包括企业文化、运作流程等常规化的惯例性知识，对全体组织成员的行为存在影响；最后一种是系统性知识，包括系统化和程序化的显性知识、数据库、员工指导手册等。德夫等（2004）从功能指向性角度将知识细分为偶然性知识、独特性知识和专门性知识三大类，偶然性知识是功能指向性非常低的知识，最不容易被个体/和群体所忽略；独特性知识是指某些个体/群体所具备的指向特定目标的知识，功能指向性较强；专门性知识是对应某个独特功能和目标的知识，当遇到问题和工作任务时，专门性知识是最容易被个体/群体联想到的知识。

学者们已经从不同角度对知识进行分类，我们很难指出哪种分类是更适宜或更准确的。从文献梳理来看，目前学者们对知识管理的研究更多关注的是大型成熟企业的知识管理过程，但是对于新企业知识管理过程问题鲜有关注。波利蒂斯（2005）也指出知识内涵和分类的研究需要结合特定的情境，例如与特定创业活动相关的知识，即创业知识。与成熟企业相比，创业型企业所面临环境的不确定性程度、资源约束困境和竞争压力等方面存在着巨大的差异，他们难以在此种情境下按照计划生产具有价值的产品和服务。因此这类企业所需具备的知识类型和知识处理过程存在显著的差异。

从现有文献梳理来看，越来越多的学者开始关注创业知识的内涵、分类和形成机制等，但是现有研究还处于概念阶段，因此我们需要更加深入地分析在创业过程中到底需要什么样的知识，以及什么因素影响创业知识的构建和积累。

二、创业知识

（一）创业知识的内涵

早期研究多基于静态视角探讨创业行为和创业产出问题，随着创业理论的不断发展，越来越多的研究基于动态角度来分析创业问题（蔡莉等，2012）。创业是一个识别和利用创业机会的复杂过程，创业过程中面临着非常多的不确定性因素，由于创业者和创业团队自身具备的知识基础非常有限，因此，创业学习的影响因素、过程及其产出成为学者们关注的焦点问题。创业学习即习得创业知识以解决创业困境，进而实现创业成功的过程（Politis，2005），基于此，关于创业学习、创业教育等成为学者们关注的焦点研究领域。当前关于创业学习的研究多数涉及创业知识问题，但是已有研究对于创业知识本身的认识尚不够，因此对于创业知识的内涵、概念方面的探讨是理论研究需要最先厘清的问题。

创业知识就其本质而言是一种知识，存在着一般知识所具备的属性（可转移性、可占有性等），但是创业知识与特定的创业任务具有密切的联系，创业知识在创业学习的过程中起着核心作用，存在自身的独特性。学者们已经从不同的角度来界定创业知识的概念与内涵。柯兹纳（1979）较早从知识内容角度，将创业知识界定为有关如何获取信息或其他资源以及如何配置资源的知识。类似地，明尼蒂和拜格雷夫（2001）也认为创业知识是一种经过考究的、抽象化的知识，是引导创业者如何发现机会的知识；波利蒂斯（Politis，2005）则指出创业知识是能够有效地帮助创业者识别机会和应对新生劣势的知识。与此同时，也有学者从知识来源角度将创业知识描述为创业者从先前经历的事件中获取的实践智慧，是通过领悟并转化经验而形成的结果，是能够有助于创业者识别创业机会并对其采取特定行动的知识（Holcomb et al.，2009）。

单标安等（2015）系统梳理了创业知识的理论背景、内涵及其获取机制，他们认为早期研究对于创业知识的理解相对较为抽象，随着后续研究的深入，学者们逐渐将创业知识与创业要素相联系，但是多将创业知识看作是创业者和创业企业解决创业过程中所遇到困难的一种技能表现，基于已有研究存在的缺陷，他们通过融合和借鉴已有研究的不同观点，认为创业知识是新企业创建和成长过程中能够用于机会识别、资源整合和企业运营管理，以及进行创业战略选择以创造竞争优势的知识。

创业者的先前经验是创业知识的重要来源，但是在解释现实创业问题时需要将创业知识与创业者经验区分开来。波利蒂斯（2005）研究指出，创业者经验通过学习过程而转化为识别机会和应对新生劣势的创业知识，由于在创业学习过程中受到外部环境不确定性和创业活动复杂性的影响，并非创业者经验必然积极影响创业行为和创业绩效。

（二）创业知识的分类

创业知识包括多种类型，与创业活动密切相关。目前学者们从创业学习内容角度对创业知识进行了不同的分类。柯兹纳（Kirzner，1979）继承了海克（1945）的思想并将其进一步发展，他较早地提出了创业知识的概念，并区分了创业型和专家型知识间的差异。塞克斯顿（Sexton，1997）认为创业知识包括与内部资金的有效利用和成长性融资、人力资源的有效获取和使用、实施更好的营销战略以及长期增长战略等方面的知识。明尼蒂和拜格雷夫（Minniti & Bygrave，2001）认为创业者在制定决策时主要是基于两种类型的创业知识：首先，有关于所选择市场的特定知识，具体包括技术方面、产品方面和特定行业三个方面，这些知识可以通过从直接经验或间接经验获得，例如通过先前工作经验、创业经验和行业经验等，一旦出现某种类型的创新时，这种知识需要探索新的使用方法；其次，也有关于如何创业的知识，这种知识只能通过"干中学"或者直接观察习得，正是这种创业型知识使得工程师与创业者存在显著区别。

科佩（Cope，2005）在此基础上提出创业知识应该包括：关于自身方面的知识、关于企业管理方面的知识、关于外部环境和创业网络方面的知识、关于如何管理小企业方面的知识。波利蒂斯（2005）研究指出，新企业创建过程中主要面临两个核心任务：识别机会和应对新生劣势，基于这一特征，波利蒂斯将创业知识细分为识别创业机会和管理新企业两个方面的知识，其中有助于识别机会的知识具体包括与可行细分市场、可获得的资源、可靠供应商、政策变化等方面的知识，而管理新企业的知识具体包括资源获取与整合、团队管理、融资等方面的知识。

维丁（Widding，2005）研究指出，创业知识具有多维度的功能，主要涉及产品创新与管理、市场开拓、组织运营和财务管理等四方面的核心知识，对于新企业的创建和快速成长具有重要的影响。

罗克斯等（Roxas et al.，2014）在研究中创业知识系统地区分为功能型知识和战略型知识，功能型知识主要与企业的基本运营管理相关，例如技术、生产、市场、人力资源管理等方面，战略型知识主要与战略分析、战略决策和战略实施相关。马弗尔和德勒格（Marvel & Droege，2010）针对技术型创业提出识别机会依赖的四种知识：服务市场的知识、解决客户问题的知识、把握市场变化的知识和解决技术问题的知识。萨达纳和凯米斯（Sardana & Kemmis，2010）概括性地提出了创业知识的内容维度，包括基本的功能性知识、主导知识、企业知识、自身优势或劣势相关知识等方面。单标安等（2015）清晰地提出创业知识包含三种类型：第一种是与市场和顾客需求有关的知识，包括市场结构、顾客偏好、市场竞争结构等方面的知识，该类知识对于机会识别和评估具有重要的作用；第二种是与企业具体功能相关知识，该类知识主要对企业的资源整合与优化配置、运营管理具有关键作用；第三种是与战略决策相关的知识，包括市场营销策略分析、产品规划策略、产品创新策略等方面的知识，主要有益于指导企业进行创业战略选择和实施。

（三）创业知识的产生机理

对于多数创业者来说，创业知识并不是现成的、先天具备的，而是需要创业者在创业过程中通过持续学习来获取和构建的，尤其是在中国动态变化的创业环境中，制度环境难以预测（Chandler & Lyon，2009），更加需要创业者持续地构建和更新自身的知识和技能以应对外部环境的不确定性，从而提升新企业成功的可能性。许多学者指出创业知识的产生源自创业学习，他们能够在不断进行学习的过程中积累创业成功所需的知识和能力，甚至有学者认为创业的本质就是一个学习的过程（Politis，2005）。那么，如何学习、通过什么途径或方式来获取、转化甚至创造知识，这是创业者必须面对的现实问题。

在创业过程中，创业者积累创业所需知识的途径主要有两条：一是学习自身积累的直接经验；二是利用"他山之石"，学习其他创业者或企业的成功或失败经验，通过观察他人的行为和结果以获取新知识，即经验学习和认知学习（Holcomb et al.，2009）。其中，经验学习是创业学习中的核心方式，是学者们关注的焦点。经验学习是指创业者通过转化先前积累的直接经验来创造和积累知识的过程，如管理经验、创业经验及行业经验等（蔡莉等，2012）。经验学习强调个体从先前行为的结果进行学习，并将新知识运用到后期的决策和行为中。创业者在创业前期准备阶段都积累了一定的经验库，包括个体的背景和历史，这些能够反映创业者前期准备的程度（Cope，2005）。明尼蒂和拜格雷夫（2001）也指出创业者的创业历史对后期学习具有重要的影响，知识是逐渐积累的，某一阶段所学习的内容和效率是建立在前一阶段学习的基础之上。

陈文婷（2010）研究指出，新企业创建和成长是需要创业者运用和权用多种学习方式以获取创业知识的过程，其中创业知识借鉴波利蒂斯的研究分为机会识别知识和克服新进入劣势知识，在创业知识的积累过程中，创业教育、先前经验、社会网络学习方式均积极影响着创业知识获取，且在不同的制度环境下创业学习方式存在动态权衡过程。单标安等（2015）系统梳理了创业知识的研究，他们指出，创业知识包含多种维度和功能，但是随着企业由最初的概念阶段向早期成长阶段演进，新企业的任务目标、特征以及所面临的核心困境和问题发生转变，在这个过程中创业知识的来源和构建过程也将发生动态演变；而创业知识的来源主要包括创业教育和培训、创业者经验、社会网络和创业实践学习四大类，在新企业的不同发展阶段，创业知识的获取方式也发生转变。

从上述分析可以看出，创业者的先前经验对其后续创业成功存在重要影响，是创业者积累和构建创业所需知识的关键来源。具体而言，首先，创业者在经验学习过程中通过亲身体验和实践，能够较为准确地了解市场的发展趋势和市场需求，这些知识和信息的获取和吸收能够帮助创业者制定出更为符合市场态势的战略决策，满足消费者的需求，为企业创造更多的利润空间。其次，先前经验对新企业机会识别和选择的作用尤为显著。例如，波利蒂斯（2005）研究指出，通过对先前职业经验进行反思和学习，创业者可以获取相关的商业技能、良好的社会网络、产品可获得性和稀缺性资源等方面的隐性知识，这些隐性知识的获取和转化能够帮助创业者更好地识别商业机会，促进创业者机会识别能力的提升和竞争优势的提高。因此，本书的研究关注创业者的先前经验如何影响新企业机会识别行为，进而深入解释其对新企业绩效产生的影响。

三、知识共享

（一）知识共享的内涵

知识管理的研究主要关注如何构建新知识的动态过程，不同的学者从不同角度理解知识管理过程。胡贝尔（Huber，1991）将知识管理描述为以企业现有的知识和经验为基础，通过与外部环境进行互动来不断地获取、转化和存储相关知识，进而带来组织行为和绩效发生变化的过程，并将知识管理过程划分为获取、共享、整合和组织记忆四个过程。格兰特（Grant，1996）则将知识管理过程划分为知识获取、过滤、整合、内部传播与应用等过程。德夫等（2004）认为知识管理过程包括知识收集、创造、共享、修正、组织存储和应用等方面。在借鉴胡贝尔研究的基础上，佐拉（Zahra，1999）认为知识管理的过程既包括企业通过内部系统对现有知识的积累、整合以产生新知识的过程，也包括转换和开发外部市场知识的过程。类似地，卢普金和利希滕斯坦（Lumpkin & Lichtenstein，2005）从信息和知识的获取、共享和储存三个阶段来分析学习过程。综合而言，知识管理主要包括知识获取、共享、整合与利用四个过程，是企业通过外部来源或内部构建来获取显性知识和隐性知识，并在内部进行沟通、共享、整合并吸收，使其在内部能够广泛地应用以完成组织目标的动态过程。

知识共享是知识管理过程中的核心部分，也是学者们关注的焦点问题。在知识经济和技术快速更新变革的时代，企业的竞争优势越来越依赖于组织的知识基础，尤其是组织内部成员、部门之间的知识共享行为（Hooff & De Ridder，2004）。顾琴轩等（2009）研究也指出，从战略管理角度来讲，组织竞争优势的大小在于企业能否比竞争对手更迅速、更有效地获取、共享、整合和创造知识；从人力资源管理实践的角度来讲，高效地管理和转化存在于组织成员的个体知识和技能有助于组织创造更大的价值。知识共享的研究已经取得了丰硕的成果，然而，从文献梳理来看，现有研究对知识共享概念和内涵的界定尚未形成一致的认识，学者们基于不同的研究视角界定知识共享的概念与内涵（具体见表2-1）。

表2-1　　　　　　　　　　　知识共享的内涵

知识共享的内涵	来源
知识共享是一个共同交流的过程，包含两部分：（1）知识所有者的知识外化；（2）知识需求者的知识内化	亨德里克斯（Hendriks，1999）
知识共享是指个体间互相交换知识（包括显性和隐性知识）以及共同创造新知识的过程，包括知识贡献和知识收集两个环节	胡夫和里德尔（Hooff & De Ridder，2004）
知识共享是组织内部的知识整合机制，也包括个人和组织所具备的知识通过已有流程和惯例在组织内部的传播和整合的过程	周和李（Zhou & Li，2012）
知识共享是整合组织不同职能部门知识的过程，既包括正式的过程，同时也包括信息共享会议、成功和失败项目研讨会等非正式的过程，促使组织内化和重组所学习的知识以发现更高质量的问题解决方式	蔡和许（Tsai & Hsu，2014）
知识共享是知识管理过程的关键环节，是组织成员彼此间通过各种途径进行知识交流和探讨的过程，提升企业知识和信息的利用价值，最大化知识产生的效应	樊治平和孙永洪（2006）
知识共享是指组织成员之间、部门之间通过各种信息传播途径和交流方式以相互分享和转移知识，其中包含成员间知识传递和吸收的过程	李纲和刘益（2007）

续表

知识共享的内涵	来源
知识共享是指知识拥有者与他人分享自己的知识，知识从个体拥有向群体拥有的转变过程。知识共享的产生有赖于员工的共享意愿，只有当员工愿意共享他们的知识时，知识才能在组织中交流和转化	何会涛和彭纪生（2008）
知识共享是指知识和信息在组织内部的各个职能部门之间进行传递和整合的过程，同时也是显性知识与隐性知识互相转化的过程，通过内部知识的传递、交流和整合，创业者对已有知识的理解不断深化，进而促使创业者能够更有效地识别和评价机会，提升企业机会开发的效率	朱秀梅等（2011）
知识共享是组织成员提供或接收与工作任务有关的信息、经验、技能和建议等方面内容的过程，在知识的利用与整合、新知识创造的过程中起着至关重要的作用，是组织成员的个体知识转化为组织层面知识的关键环节	曹勇和向阳（2014）

资料来源：作者根据相关文献整理。

知识共享是一个复杂的知识和信息的交互过程，为了更深入地理解知识共享的内涵，较多学者探究了知识共享的维度划分。从文献梳理来看，学者们基于自身的研究问题和框架的需要，借鉴不同的理论观点和划分依据提出了多样化的维度划分。

较多研究从知识共享的内容角度进行维度划分。由于知识在本质上存在显性和隐性的区别，因此较多研究根据这一依据将知识共享划分为显性知识共享和隐性知识共享两个维度。奥利韦拉等（Oliveira et al.，2015）分析了知识共享、吸收能力和组织创新间的关系，他们在研究中采用显性知识共享和隐性知识共享两个维度来操作化度量组织知识共享行为，显性知识共享是指结构化的、可编码的和可存储于文档中的知识在组织成员之间、部门之间的共享过程；隐性知识共享是指个体基于经验和实践体现所积累的、难以结构化的知识进行流动与整合的过程，他们的研究发现，两种知识共享行为均对组织吸收能力和创新存在积极影响，且在组织内部隐性知识共享的作用范围更广。国内研究王智宁等（2014）探讨了高新技术企业的知识共享、智力资本与企业绩效间的关系，在研究中他们将知识共享区分为显性知识共享与隐性知识共享，这两种知识共享行为均对智力资本存在积极影响。

部分研究从知识共享的方式角度进行维度划分。佐拉（2007）在探究家族企业的知识共享与技术能力间的关系时，研究认为组织的知识共享行为可能基于正式流程存在于组织中，也可能以非正式的途径进行知识的交流，因此将知识共享进一步细分为正式知识共享和非正式知识共享。组织内的部分知识是可收藏的、可存储的和可编码的，因此可以通过结构化的、深思熟虑的和形式化的实践方式进行传输和储存；但是组织也有部分知识是缄默的、社会建构的集体性知识，这种知识的有效交互和共享需要通过小群体内进行非结构化的、面对面的和个性化的非正式交流过程。

国内研究方面，宋志红等（2010）在研究中也将知识共享行为划分为正式知识共享和非正式知识共享两个维度，其中正式知识共享是指通过正规培训、流程化、信息技术系统、结构化的计划、正式会议等方式进行沟通和交流信息；非正式知识共享则是建立在组织成员之间信任基础上的非正式信息交互方式，例如非正式交谈和兴趣小组、私人关系、实践社群等，这种方式能够有效地地弥补正式知识共享行为存在的缺陷。曾萍等（2011）在探究 IT 企业的知识基础、知识共享与组织创新间的关系时，也采用类似的方法，认为组织内知识共享包括非正式与正式知识共享。

此外，还有研究从知识共享的过程角度进行维度划分。霍夫和德里德（Hooff & De Ridder，2004）在研究中将知识共享过程细分为知识贡献和知识收集两个过程，其中，知识贡献是指与其他成员交流，从而将自身所具备的知识传递给其他团队成员的过程；知识收集是指向其他成员咨询意见，从而促使其他成员共享其知识的过程。廖等（Liao et al.，2007）、金姆（Kim et al.，2013）等研究也采用类似的维度划分方向，将知识共享划分为知识贡献和知识收集两个维度。耶尔（Yeşil et al.，2013）研究指出，知识共享是一个共同交流的过程，包含知识所有者的外化和知识需求者的内化两个部分，他们认为研究知识共享过程时应该区分知识来源和知识接收，在整合已有研究的基础上，该研究将知识共享过程划分为知识贡献和知识收集两个维度，其中知识贡献是指知识的所有者通过与其他个体的沟通与互动，将自身的知识资本传递给对方；知识收集是指通过与组织其他成员互动而获取对方知识和信息的过程。

（二）知识共享的影响因素

组织成员之间的知识共享并不是自发形成的交互过程，知识共享能否有效进行受到众多因素的影响（Minu，2003）。从现有研究来看，组织成员之间知识共享的影响因素包含了高层管理团队、组织情境、个体成员特质和知识本身属性等方面，因此，本部分主要从以上四个方面梳理知识共享的影响因素。

从高层管理团队层面来看，知识共享的影响因素主要涉及领导者的领导风格以及管理支持。在领导风格方面，张等（Zhang et al.，2011）探索了中国企业管理团队创造性的影响因素，研究发现变革型领导风格通过积极影响知识共享进而提升团队的创造性，而权威型领导风格则消极影响知识共享，进而不利于团队创造性的提升。在此基础上，李圭泉等（2014）进一步探讨了领导风格影响知识共享的机理，打开了变革型领导与知识共享之间的黑箱，研究发现，变革型领导风格积极影响员工的知识共享行为，同时亲密氛围在变革型领导风格和知识共享两者间起着部分中介作用，而变革型领导则对创新氛围和公平氛围的积极影响可以加强组织成员对内部亲密氛围的感知，进而间接对知识共享产生影响。在管理支持方面，卢巴特金等（Lubatkin et al.，2006）对知识共享的研究现状进行了回顾，强调了组织内部的管理支持积极影响员工的心理，进而促进了知识共享行为的发生。

从组织情境因素来看，知识共享的影响因素主要包括组织文化、组织结构、组织培训和奖励支持等内部特征，基于组织情境探讨知识共享的影响因素是学者们关注的焦点。霍夫和德里德（2004）基于荷兰五家企业开展案例研究，研究结果表明，组织承诺、交流文化是影响成员之间知识交换和整合的关键因素。德克勒克等（De Clercq et al.，2013）指出组织成员间的信任和目标一致性积极影响知识共享水平，同时组织结构正式化程度在两者间起着积极的调节作用，当组织结构正式化程度更高时，信任和目标一致性对内部知识共享的作用更大。胡玮玮等（2018）基于社会交换理论和社会认知理论的研究框架，分析不同类型的个性化契约、组织自尊、情感性关系及知识共享行为间的复杂关系，并构建了一个有调节的中介模型，数据分析发现，任务性和发展性个性化契约积极影响组织自尊，进而促进知识共享行为；情感性关系消极调节组织自尊与知识共享之间的关系；同时情感性关系消极调节组织自尊在个性化契约与知识共享之间的中介效应，即，情感性关系水平越高，组织资源的中介效应越低。

从组织成员特质来看，知识共享的影响因素主要包括共享的动机。斯滕马克（Stenmark，2000）在研究中也指出组织中成员如果缺乏强烈的共享动机，知识共享行为很难顺利进行。林（Lin，2007）基于对台湾地区 50 家企业的 172 个员工调查研究发现，组织成员愿意帮助别人和知识的自我效能对知识共享过程具有显著的积极影响，享受帮助他人是从利他主义的概念中派生出来，知识工作者从帮助他人过程中获得的满足感导致其更有意向进行知识共享。刘灿辉和安立仁（2016）借鉴信息决策理论、断层线理论和社会分裂理论等的研究观点，探究员工感知差异性对知识共享的影响，他们的研究认为，由于组织成员的思维模式、知识背景、性格特征等存在较大的差异，这种差异性既会导致成员之间的常规交流与沟通，也会激发非常规冲突和争辩，这个互动过程的核心是知识和信息在组织内的转移、扩散与整合。

从知识属性来看，现有研究主要是分析了显性和隐性知识对于知识共享产生的影响。米努（Minu，2003）构建了组织知识共享的影响因素框架模型，从知识的本质、分享的机会和分享动机三方面讨论了组织知识共享的前因，在研究中，他指出显性知识会阻碍组织知识的共享，隐性知识则更有利于组织知识的共享，以及知识价值会对组织知识共享的复杂性产生影响。此外，由于知识具有可重复使用、边际收益递增、非排他性等经济特征，导致知识的获取与创新面临更高的成本和风险以及外部性矛盾，且知识更新速度的加快导致新知识的使用寿命缩短，因此组织成员经过艰苦过程积累的知识并不愿意轻易分享给其他成员，以免自身具备的知识快速被淘汰（樊治平和孙永洪，2006）。

最后，较多学者从社会网络角度探讨知识共享的前置影响因素，包括社会资本、网络规模、强度、信任、强弱关系等。蔡（Tsai，2002）探究了在复杂组织内的竞合社会结构（合作、竞争）对组织内知识共享的影响，运用社会经济技术分析法发现，组织内以集中网络形式存在的正式层级结构对知识共享具有消极影响，而以社交互动形式存在的非正式横向关系则对知识共享具有显著的积极影响。金泰君和盖希（Taegoo & Gyehee，2013）以韩国的酒店行业为研究对象，深入分析了社会资本（结构型、关系型和认知型）对知识共享过程的影响，数据分析发现，社会资本积极影响知识贡献和知识收集两个维度，进而提升组织绩效；然而研究还发现了有趣的结论，情感型社会资本对知识收集的影响更大，关系型社会资本对员工之间的知识贡献影响更大。

国内也有较多研究探讨了社会网络对知识共享的影响。刘佳和王馨（2013）利用整体社会网络分析法分析了社会网络关系强度对知识共享的影响，分析发现，组织内咨询联系的强度积极影响知识共享，而友谊联系的强度除了对隐性知识共享具有微弱的影响外，对其他类型知识工作的作用均不显著。陈伟等（2014）研究发现，企业能够通过强化与集群网络中的其他成员间的交流频率，进而显著积极影响成员间的知识共享与整合行为；网络成员间联系的稳定性有助于增加彼此间的信任程度，进而降低网络成员间的知识共享障碍；最后，企业在网络结构中的中心性位置能够强化其对信息的控制能力，对于知识共享和整合具有重要的推动作用。王娟和杨瑾（2014）研究也发现，产品研发中干系人的人情、感情和面子等关系都对知识共享行为存在显著的积极影响。

（三）知识共享的作用机制

随着知识经济时代的到来和环境不确定性的提升，知识对于企业的重要性日显突出，在知识管理过程中，组织内部员工、各部门之间的知识交流和整合是企业竞争优势的重要来源，日益成为学者们关注的焦点。通过文献梳理发现，目前与知识共享的相关研究更多是将其作为结果变量，而对知识共享结果方面的关注相对匮乏，接下来我们试图梳理知识共享对企业的作用机理：

第一，知识共享促使个体知识转化为组织知识。为了构建创业态势，管理者所具备的知识需要通过内部知识共享机制将其转化为组织知识，这个转化过程需要连接不同知识领域的共享过程。知识共享惯例提升了知识深度，进而加强了企业识别知识的新用途和新价值的能力（Katila & Ahuja，2002）。赵鑫（2011）研究指出，具备不同特征和属性知识的个体在进行知识交互与整合的过程中，不仅有助于个体丰富已有的知识基础，同时能够形成新层次的知识，即团队层面或组织层面的知识集合，即知识制度化的过程，对于组织绩效具有重要的促进作用。

个体或群体层面的知识向组织知识转移是企业构建竞争优势的关键途径，但是嵌入知识的组织成员往往会将自身所积累的知识当作自己所独占的，并且能够帮助其在企业中构建竞争力，这种独占心理导致个体表现出文档加密、保护客户资源、要求地位等，这种组织成员所形成的"专属知识领地"阻碍了个体知识向组织知识进行转移（曹洲涛和杨瑞，2014）。因此，越来越多的学者从知识共享视角切入分析个体知识向组织知识的转化机制。例如，曾萍等（2011）研究指出，知识共享的过程观强调知识共享是个体、团队和组织之间通过各种途径（会议、非正式交谈、信息系统等），显性知识和隐性知识在不同层面间转化的过程，其中尤为重要的是个体知识基础通过吸收、外化、内化和制度化等过程实现知识的转化，进而最终构建组织知识的过程。王智宁等（2014）整合知识基础理论和智力资本理论的观点也提出了知识共享、组织智力资本和企业绩效间的关系模型，数据分析发现，显性知识共享和影响知识共享对组织智力资本存在显著的积极影响，进而提升企业绩效。

第二，知识共享能够帮助组织成员拓宽知识来源渠道，降低冗余学习，推动企业构建更加多样化的知识，进而促使企业能够感知更为多样化且高效的路径以实施创新和创业活动（De Clercq et al.，2013）。跨职能部门的知识共享能够鼓励不同职能部门的管理者之间形成知识流动，无论这些管理者是在相同或不同的层级，如果没有知识共享过程，组织内部的个体成员难以接触到其他成员所拥有的知识和认知资源，同时也难以在相互理解的基础上进行有效沟通和交流（Tsai & Hsu，2014）。汤淑琴等（2018）探究了中国转型环境下新企业知识共享对双元机会识别的影响，他们认为在中国转型环境下，跨越不同职能领域的知识共享能够将不同成员的互补性知识整合在一起，拓宽新企业的知识基础，提高组织的整体学习效率，帮助新创企业更加全面、深刻地解读市场环境中的复杂信息，进而强化其识别创业机会的能力。

第三，大量学者指出，分享想法、信息和建议是组织成员进行创造性行为的基础（Zhang et al.，2011）。例如，奥拉维等（Aulawi et al.，2009）以印度尼西亚的电信公司员工为分析对象发现，知识在交流和共享过程中被传播、实施和发展，组织内的知识共享实践活动能够刺激成员更多的批判性和创造性思维，以至于最终创造出更多的新知识，进而提升组织成员的创新能力。季莫夫（Dimov，2010）研究发现，充分地整合组织内部的多样化知识能够丰富和扩大企业的新产品类别与范围。跨职能领域的知识交互使企业更为高效地识别不同路径特点，并分析路径选择的优势和劣势，当知识共享的程度处于较低水平时，企业难以感知到有更多的备选方案，导致所能开发的机会数量减少。李佳宾和汤淑琴（2017）通过多元线性回归分析发现，知识共享能够促进不同组织成员的知识和信息传播，并加工和整合为与工作任务有关的新方法和技能，且将组织成员更加紧密地联系起来，建立信任基础，进而积极影响员工的创新行为。

第四，知识共享能够提升组织利用隐性知识的效率，提高企业的创新能力和创新绩效。斯滕马克（2000）揭示了隐性知识的三个特点：与组织中个体成员不可分割，个人没有必要将其外在化和隐性知识的显性化对于个人来说可能并不受益。他认为正是这三个特点阻碍了组织对隐性知识的利用，但是可以通过技术实现隐性知识的共享来进一步提升知识的利用价值。企业在发展过程中通过知识共享不断地将个体层面的隐性知识显性化，有效提升企业知识的利用效率和促进知识的储存和延续。林（2007）研究发现，企业转换和利用知识的能力决定了组织创新的水平，例如快速解决问题的能力和增加对新信息的反应速度，知识贡献的目的是随着时间推移将个体知识转变成群组和组织知识，结果提高了企业的整体知识容量；同时企业促进员工在组织内贡献知识有可能产生新思路和开发出新的商业机会，进而促进企业的创新活动。杨和吴（Yang & Wu, 2008）认为，企业依赖自身所具备的隐性的、动态的、不可复制的、可扩展性强的知识给竞争对手创造障碍；同时知识管理可以使组织获得大量的战略利益，进而提升创新绩效。

总体而言，组织的知识共享过程不断地将个体知识转化为组织知识，扩大组织成员知识获取的来源，提高了创业者和组织成员隐性知识的利用效率，从而增加了组织的整体创造性。同时，作为知识管理过程的核心阶段，知识共享增加了组织知识存量的广度、深度和利用效率，是企业实现持续发展必不可少的手段。如果缺乏这个过程，创业者的知识难以被其他组织成员吸收并利用，在一定程度上限制了新企业的发展。创业者经验不仅能够借助正式途径在组织内部实现流动，还能够通过集体行为和思维方式达到强化作用。当创业者与其他组织成员交流次数更为频繁时，不仅促使两者间传递更多信息，还能够更加全面地阐述和解释战略选择的原因。因此，本书研究试图探索知识共享在创业者经验发挥效用过程中的调节作用。

第二节　创业者经验相关研究

一、经验的内涵与度量

经验是个体曾经经历过的事件，也是个体与外部环境交互作用的结果，对于创业者来说经验是真实的、透明的、直接的、可见的、可主观解释的，包括一系列相对零散的事件（Cantor et al.，1991）。经验学习理论将个体经验划分为直接经验和间接经验，直接经验是指伴随创业者的参与和亲身体验而积累的经验；间接经验是指他人在实践中获取的知识成果（Kolb，1984），本书研究所关注的经验是创业者积累的直接经验。

需要强调的问题是，尽管大量研究试图分析创业者经验对创业过程的影响，但是鲜有学者区分先前经验和先验知识的差异，出现了两者混淆使用的现象。因此，在系统梳理创业者经验相关研究前，需要区分和厘清上述两者间的差异和关系。先验知识是指创业者所具备的有关特定主题的独特信息，促使个体能够识别特定的机会，管理资源以开发所识别到的机会（Shane，2000）。先验知识可能是来源于对教育、工作和创业等经验的学习，或者是观察他人行为所习得的间接经验而进行的反思性学习。先验知识不应该等同于经验，因为经验并不一定都能够为创业者积累更多的知识（Hollcomb et al.，2009）。区别这两个概念的方法是将创业者经验认为是可直接观察的，或者是可以参与的，然而先验知识是通过对经验的整合和转化而形成的。

合理选用测评方法，有助于提高创业者经验测量结果的有效性和准确性，进而提升研究结果的可信度。目前学者主要采用客观评价法（Farme et al.，2011）、主观评价法（杨俊等，2011）及综合主客观方式的测评方法（Mitchell et al. ，2008）。客观评价法是采用可量化的客观指标评价创业者经验的方法，如从事管理工作的年限（管理经验）、曾经创办过的企业数量（创业经验）等；而主观评价法则是在难以采用客观评估法的情况下使用的，如经验的丰富性、经验的相关性等（Mitchell et al. ，2008），采用"丰富""有限"或是"很高""很低"的方式打分进行度量。这两种方法各有优点和不足，两者的综合使用能够使测量结果更为可靠。

二、经验学习模型回顾

（一）库伯（1984）的经验学习循环

库伯（1984）的经验学习循环模型是研究较为成熟的且值得注意的模型，理论模型强调经验在个体学习中处于中心位置。库伯将经验学习定义为通过获取和转化经验而不断创造新知识的过程，知识来源于经验的获取和转化这一综合过程。库伯的经验学习模型主要包含四个部分：具体经验、反思观察、抽象概念和积极行动，而内部的直线指个体如何获取和转化信息以填补外部环形的过程。直接经验是指个体通过亲身体验和经历而获得新知识；反思观察是指个体对先前经验的不同属性不断进行反思和提炼；抽象概念是指根据个体对先前体验的反思而进行抽象思考，并提出新的概念或知识；最后，积极实践是指个体将所获取的新知识用于实践，并检验知识的适用性，然后再回到最初阶段，从而形成经验学习的闭合循环过程（陈国权和宁南，2009）。

库伯的经验学习模型描述了两种相互对立的信息获取方式：直接领悟和抽象概念。直接领悟方式主要是指利用自身的感觉来消化、吸收当前正在经历的、具体发生的事件，倾向于依赖亲身体验和感受；而抽象概念方式则通过思考抽象概念和重新诠释先验信息以获得新知识，偏重于概念解释，抽象概念方式获取新信息的个体具有向前看的倾向，通过利用过去的知识来反思新获取的知识。此外，信息转化过程也存在两种相互对立的方式：内部反思和外部延伸，即个体可以内部反思自身经验和想法的不同属性，同时也能够积极探索新想法、在真实世界中不断体验等方式进行学习，从而积累和构建经验性知识。

库伯通过对信息获取和信息转换环节上的不同方式进行组合而提出了四种学习风格：发散型、吸收型、收敛型以及适应型。学者们认为不同的个体具备不同的学习风格，同时这些个体在行为偏好和导向方面均存在着显著的差异（杨小虎，2011）。当然，学者们认为个体通过在不同的情境下综合采用四种学习风格是最容易成功的。

库伯（1984）构建的经验学习理论是个体学习研究中最有影响力、应用较为广泛的理论之一。经验学习循环圈整合了先验知识、感知、认知和经验等概念，能够帮助我们理解为什么一些个体以不同的方式获取和转化经验，他们是如何整合现有知识，以及为什么这些行为导致不同的机会识别和利用能力等（Corbett，2005）。需要强调的是，尽管库伯的经验学习理论仍然是个人学习研究中最有影响力的理论之一，但是学者们也逐渐审查该理论的局限性。这些批评普遍认为，库伯的经验学习理论缺乏对经验学习过程中情境因素的关注，个体的学习是嵌入于特定的环境中的，但是库伯的模型对于学习过程中的影响因素关注非常有限。

（二）科比特（Corbett，2007）的不对称经验学习模型

科比特在借鉴和细化库伯模型的基础上构建了"不对称经验学习模型"，分析了个体不同的信息获取和转化方式如何影响其机会识别。个体的机会识别能力不仅取决于先前经验和知识基础，还需要具有认知能力以利用这些知识，并且不同的信息获取和转化方式导致个体机会识别的数量存在差异。

首先，个体所具备的人力资本是识别新机会的基础，包括通用人力资本和专用人力资本。个体所具备的先验知识能够帮助其识别新信息的价值，从而更容易发现创业机会，并且具备行业、技术及管理相关经验的个体能够识别数量更多、创新性更高的机会（Ucbasaran et al.，

2009）。此外，人力资本所带来的信息库能够创造独特的心智模式，从而为个体识别新机会提供了分析框架。

其次，科比特的模型还强调了信息获取和转化这一动态过程对机会识别的重要作用。经验学习过程始于个体获取新信息或经验，并且可以通过直接领悟和抽象概念两种方式获取新经验，抽象概念方式在机会识别过程中具有更大的优势。在信息和经验获取之后，个体需要通过内部反思和外部延伸这两种方式将新信息转化，并与现有知识进行整合。内部反思关注的是如何避免失败，愿意牺牲一些价值大、风险高的机会，通过这种方式转化信息的个体往往倾向于寻找最优的解决方案；外部延伸忽略失败，因此更加关注的是如何最大化成功，在面对新问题时能够积极主动地考虑更多可能性和可行性的解决方案。不难发现，后一种信息转换方式对机会识别的促进作用更大。

最后，模型中还探讨了人力资本、信息获取和信息转化对机会识别的交互影响。一方面，吸收能力的概念指出，个体获取新信息的能力取决于其原有的知识基础。因此，人力资本作为个体的吸收能力积极调节信息获取方式与机会识别数量间的关系。另一方面，信息转化的过程促使个体不断地对已有经验进行反思和判断，或者是积极探索新想法，寻找更多的问题解决方案，从而强化所获信息的价值，因此，信息转化过程积极调节信息获取与机会识别数量间的关系。

（三）波利蒂斯（2005）的经验转化模型

近年来，学者们在研究创业学习过程时发现，库伯的循环模型并不能够完全适用于创业者在创业过程中所面临的高复杂、高不确定环境。例如，谢恩（Shane，2000）发现，具有丰富直接经验的创业者往往将先前经验转化为个体的直观判断能力，从而将其作为应对未来突发事件的对比基础。由于创业情境的特殊性，创业者很少能够有充足的时间和精力来明确地将先前经验进行概念化，或者是对先前经验进行深入思考，创业者将会或多或少倾向于采用类比的方式。也就是说，创业者从经验中学习的过程可能并不必然遵循库伯（1984）提出的四阶段学习循环的每个步骤。

鉴于库伯模型存在的局限性，波利蒂斯在借鉴和改进库伯经验学习模型的基础上，探索了创业情境下创业者的经验如何转化进而促进创业成功的过程。波利蒂斯在分析创业者的学习时，将经验学习理论整合到创业领域，强调先前经验在构建创业知识过程中的重要性，将创业学习的过程解释为经验化的过程，并识别了创业学习过程中的三个关键组成部分：创业者的先前职业经验、转换过程和创业知识。

首先，创业者经验学习的结果是促进创业知识的积累。创业者转化经验的目的是学习如何识别机会和开发机会，学习如何跨越新企业管理的障碍和应对新进入缺陷。因此，创业情境下的经验学习产出是提升机会识别和应对新生劣势的效率。先前经验促使个体构建识别新信息价值、学习并将其应用于新商业活动的能力。基于先前经验形成的惯例以及效果较好的信息来源，有经验的创业者更加擅长在特定领域搜索信息（Shane，2003），而初次创业者则难以判断所获取的新信息是否有助于新机会的识别（Cooper et al.，1995）。

其次，创业者转化经验的过程影响职业经验与创业知识之间的关系，有效的转化过程是创业者职业经验发挥效果的关键因素。在探讨创业知识的构建时，尽管先前经验能够积极影响创业者识别和开发机会、应对新生劣势的能力，但是现实中具备类似经验的两个创业者可能由于经验转化过程的差异而构建了截然不同的知识。探索和利用是两种不同的经验转化逻辑（March，1991），前者是指创业者采取的行为是复制或与现有经验非常相似，强调如何有效地利用已有的知识，而后者是指创业者采取的行为与先前经验存在着很大的差异，强调如何开发新的知识。当创业者越依赖于探索型主导模式时，他们识别机会的效率越高；而越依赖于利用型转化逻辑时，创业者便越能够有效地应对新生劣势。

最后，先前事件的结果、主导推理逻辑和职业导向是影响经验转化过程的重要因素。当先前的失败经验较多、偏好手段导向推理逻辑，以及具备短暂或螺旋形的职业导向时，创业者更倾向于采用探索型经验转化模式；而当先前经验中成功事件更多、偏好目标导向推理逻辑，以及具备线性或专家型职业导向时，创业者更强调采用利用型经验转化模式。

波利蒂斯（2005）解释了创业者如何将先前的职业经验转化为创业所需知识的过程，并揭示了学习过程的具体影响因素，对于创业实践具有重要的启示意义。然而，深入剖析不难发现，波利蒂斯的学习模型缺乏对学习情境的关注，创业者并不是在真空中进行学习和采取相应的创业行为，并且经验代表的是先前经历的实践，因此在转化经验的过程中必然受到外部环境的影响，包括组织内部的微环境和外部宏观环境。

（四）琼斯和卡苏利（Jones & Casulli，2014）的对比推理模型

为了打开经验学习的神秘黑箱，琼斯和卡苏利借鉴认知理论中对比推理的概念来探讨创业者如何基于先前经验以感知环境不确定性、发现新想法等，揭示了个体转化经验的逻辑过程，个体通过将新情境与先前经验进行对比，从而提炼出有益于实施创业活动的新知识。

总体而言，基于对比推理的经验转化逻辑过程主要包含了三个部分：回忆、比较、投影（映射）。由模型可以看出，当个体感知到来源于新情况的信号时，这种新情况包括新问题、挑战、机会或决策等，个体就启动了经验学习过程，正如模型最右边中显示的"目标"。同时，个体当前所处的情境影响到个体对新情况的认知，也影响其对先前可用经验的回忆过程。在经验转化过程方面，琼斯和卡苏利引入了启发式推理和类比推理两种不同的对比方式来分析个体经验的内在推理和转化过程，两者间的差异见表2-2。启发式推理和类比逻辑推理反映了个体推理的双重思维过程，这个双重思维并不是二分的独立过程，正如埃文斯（Evans，2008）所说，这两种逻辑推理方式服务于不同的问题和目的，两者间存在着潜在的互补性。

表 2 - 2　　　　　　　　　启发式推理与类比推理的对比

比较项目	启发式推理	类比推理
推理的类型	● 基于直觉 ● 演绎与推断	● 直觉和深思熟虑 ● 归纳与推理
推理的目的	基于新老情境或多个选择类别间感知类似性，在不确定情境下制定决策	基于对熟悉问题了解来理解新情境，目的是通过对先前经验与新情境间关联的映射而形成新猜想与推断
对比的基础	表面的相似性： ● 局部的/选择性 ● 陈规	结构性对应： ● 归因方面 ● 相互关联 ● 系统性
先前经验的回忆过程	通过直觉关联和基于以下过滤： ● 代表性 ● 显著性 ● 时间的相近性	通过直觉关联和深思熟虑： ● 观察，留心 ● 编译 ● 构造
先前经历与新问题间相关联的分析过程	投影（推测）： ● 锚定与调整 ● 构建先前经历与新问题间的因果估计，从而得到决策判断	映射（绘图）： ● 系统识别先前经历与目标问题间的对齐元素的相对应性（结构校准） ● 将关联突出的对齐元素进行映射，从而得出与目标问题相关的新假设
效用	构建启发式规则，为决策制定提供捷径	构建抽象性学习模式得出新的、具有创造性的推断和解决方案

　　启发式推理是一种个体在不确定情境下采用的逻辑捷径，依赖于个体对先前经验回忆的轻松程度，也就是先前经验的可获得性、显著性和时间相近性等。启发式规则简化了个体的决策过程，本质上是演绎式的推理过程。启发式推理过程中的回忆往往是直觉式、快速的，新情境与先前经验的对比是基于相对肤浅的、表面的相似性，而不是深思熟虑的，这种推理方式在个体信息处理过程中存在认知偏见，往往需要在时间和准确性两方面进行权衡。因此，启发式作为理解创业认知的方式之一，对于非正常理性下的创业决策是可行的，但是这种方式的作用也是非常有限的。

与启发式逻辑一样，类比推理同样是对比分析先前经验与新问题间差异的过程，但是二者间也存在着较大的差异。类比推理逻辑是归纳和迭代的过程，个体能够深思熟虑地搜索记忆中与当前问题相似的经验，从多种潜在可能性的经验中构建出与新情境相关的命题。不同于启发式推理方式，类比推理是个体对经验与新问题间相似性的更深层次的反思，倾向于深思熟虑地探索以进行相应的调整（Grégoire et al.，2010）。

琼斯和卡苏利的经验学习模型对于创业实践具有重要的启示意义，启发式和类比推理逻辑依赖于先前经验或经验性知识与新情境的对比，这两种推理逻辑能够部分解释为什么跨业务领域、跨行业或跨区域的决策是有效的，而这种决策情境的特征是高度不定和信息不充分。同时，识别已知和未知事件之间具有的相似性也能够警示创业者在制定创业决策时需要辨析不同情境间的差异，从而降低创业过程中的决策风险。此外，对于创业教育方面，琼斯和卡苏利认为学校、创业培训机构和政策提供部门能够为创业者提供逻辑推理方面的培训。

三、创业者经验研究的概述

创业者的先前经验对新企业创建和成长存在重要的影响，创业是识别、评价和开发机会的过程（Shane，2003），越来越多学者强调利用经验的差异以解释创业者在识别和利用机会能力方面的差异，创业者经验的积极作用在很多研究中也得到了证实，他们的研究显示先前经验能够帮助创业者积累独特的人力资本和社会资本，同时对创业者的认知、情感等方面均存在重要的影响（Zheng，2012）。

多数研究强调创业者经验对其创业成功的重要作用，但是随着研究的深入，一些学者开始关注经验的消极作用。例如，乌巴萨兰等指出，经验是一把双刃剑，对于创业者来说先前经验既是资源，能够为创业者积累丰富的知识、网络等资源，同时经验也存在"弱性"，经验丰富的创业者往往构建了启发式原则，导致了创业者的认知偏见；并且，随着经验的增加，由于创业者受到"熟悉"的约束而逐渐变得过度自信，具有这种倾向的创业者很难识别新机会。此外，现有创业者经验的研究也得出了不一致的结果，例如，纽伯特（Newbert，2005）研究发现在高技术行业中，创业经验对新企业销售收入不存在积极影响，而托尔尼科斯基和纽伯特（Tornikoski & Newbert，2007）的研究则取得了不同的结果，尽管创业经验和管理经验分别对新企业绩效存在显著的消极和积极作用，但是教育经验和职能部门经验对新企业绩效的作用并不显著。

学者们已经就创业者经验对创业的作用进行了深入的研究，但是现有研究尚未达成共识。文献梳理发现，创业者经验的研究呈现不同的研究视角，根据这些研究所关注的焦点问题，我们大致可将它们归纳为资源视角、认知视角、学习视角和情感视角。总体而言，这四个研究视角基于不同的理论基础和研究方法，探究了创业者经验对创业者（创业知识、自信、认知、创业学习、创业动机、悲伤等）、创业行为（机会识别、评价、资源获取等）和新企业（合法性、绩效、竞争优势等）的影响（具体见表2-3）。其中情感视角正在逐渐成为创业研究领域关注的重点，越来越多的学者逐渐将情感因素引入创业领域，而经验恰恰是影响创业者情感的重要因素。

表2-3 创业者经验相关研究总结

研究视角	学者、年份	主要观点	理论基础
资源视角	纽伯特等 （Westhead et al.，2005）； 莱卢普（Rerup，2005）； 托尔尼克斯金和纽伯特 （Tornikoski & Newbert，2007）； 巴伽瓦拉等 （Bhagavatula et al.，2010）	资源是创业者成功创业的关键因素，创业者的经验能够促进其积累和构建独特的人力资本和社会资本，也是新企业资源和能力的重要来源	人力资本理论 资源基础理论

研究视角	学者、年份	主要观点	理论基础
认知视角	乌巴萨兰等（Ucbasaran et al.，2008）；法姆等（Farme et al.，2011）；卡萨尔（Cassar，2012）	认知特征影响了创业者的机会识别和开发行为，经验的积累促使创业者在创业意向、认知模式和认知偏见等方面存在差异。并且过多的依赖经验也会给创业者带来认知弱性	认知理论 图式理论 专家信息加工理论 启发式信息加工理论 原型理论
学习视角	明尼蒂等（Minniti et al.，2000）；拜格雷夫（Bygrave，2001）；波利蒂斯（Politis，2005）；佩特科娃（Petkova，2009）；科佩（Cope，2011）	多数情况下经验是不能直接用于指导创业实践的，尤其是当外部环境不确定性提高时。创业者必须擅长从过去的经验中学习，学习是创业者的经验在不同情境间转化的重要机制，其中包括如何从失败经验中学习	经验学习理论
情感视角	谢波德（2003）；谢波德等（2009）；詹金斯等（2014）	创业是高动态、高复杂的过程，创业过程中挫折、失败等消极事件会给创业者带来悲伤，并对其乐观、自信等方面产生影响	认知理论 评估理论

资料来源：作者根据相关文献梳理。

（一）资源视角

蒂蒙斯（Timmons，1999）在其构建的经典创业模型中将资源看作创业过程中不可或缺的要素，资源基础理论也指出，独特的、稀缺的、难以模仿的资源是企业竞争优势的重要来源。在新企业中，关键资源由创业者掌握，表现在创业者的知识、技能等人力资本、社会关系等方面（Colombo & Grilli，2005）。作为企业的关键决策者，创业者所积累的资源对于新企业的生存和发展具有重要影响。因此，从资源视角探索创业者经验对创业活动的影响成为学者关注的焦点，且该视角下的研究多进行了实证检验，能够比较客观地解释创业者经验的作用。

首先，创业者经验是新企业的一种重要人力资本，对机会开发、资源开发过程及创业产出均存在影响。人力资本是指凝聚在创业者身上的知识、技能及其所表现出来的能力（Davidsson & Honig，2003），人力资本理论指出，创业者的先前经验是其人力资本的重要来源，尤其是隐性知识的积累。莱卢普（Rerup，2005）研究指出，具有创业经验的创业者能够积累运营渠道以及如何管理企业员工方面的隐性知识，从而有利于提升新企业绩效。罗马内利和舍恩霍文（Romanelli & Schoonhoven，2001）也认为，不同个体具备不同的信息库，因为信息是通过特定的经验逐渐积累的，并且由于信息往往是随机分布的，不同经历的人体具有不同的信息集合，与经验贫乏的个体相比，具有不同工作经验的创业者可能获得更广泛的信息。而创业者通过先前经验积累的知识有助于其有效转化外部环境中与机会和资源有关的信息，进而积极影响创业者识别机会和调动资源。谢波德（Shepherd，2003）研究发现，序贯创业者在先前创业过程中所积累的与顾客问题相关的知识促使其在后续创业过程中能够识别更多、更具创新性的机会。

其次，学者关注了社会资本在经验转化过程中的作用，经验能够帮助创业者积累和构建社会网络，从而有助于其识别和开发创业机会、提升新企业的绩效。新企业存在先天弱性，新企业在与供应商构建关系、组织运营和组织惯例的形成等方面面临很高的困难和成本（Stinch-combe，2000），因此为了节约构建的成本，新企业可以依赖于创业者先前经验中积累的社会资本，以及网络中其他成员所具备的知识和技能。巴伽瓦拉等（Bhagavatula et al.，2010）研究指出，行业经验通过影响创业者的结构洞、强弱关系而有助于其识别机会和调动资源。张（Zhang，2011）探索了创业经验在创业者获取风险资本过程中的作用，他指出创业经验促使创业者有机会与更多的社会成员接触，创业经验丰富的创业者能够更快获取风险资本，且获取的数量更多。

最后，部分学者发现创业者经验对创业产出的作用受到一些调节因素的影响。例如，张和李（Li & Zhang，2007）分析了管理者的职能经验对中国经济转型期新企业的影响，他们的研究发现，与非国有企业相比，国有企业管理者的职能经验对新企业绩效的正向作用更加强烈，并且在功能失调性竞争低的环境下管理者职能经验的产出效应更强。乌巴萨兰等（Ucbasaran et al.，2008）研究发现，创业者外部信息搜索的强度正向调节经验与机会识别间的关系，新企业创建过程中创业者搜索外部信息越强，经验的利用效率越高，能够识别的机会越多。这些学者的研究扩展了创业者经验对创业行为和产出的内在作用。

以上研究主要是从资源的角度探索经验对创业者的内在作用，进而影响其行为和新企业绩效。少数研究还考察了创业者的经验如何转化为组织资源、能力以及其对新企业的内在作用，但是研究尚不够深入。托尔尼科斯基和纽伯特（2007）在探索组织出现的决定因素时指出，创业者和团队的经验是新企业合法性的重要来源。奥风和三桥町（Oe & Mitsuhashi，2012）研究也发现，当创业者有相同行业的工作经验时，新企业能够快速达到收支平衡，且当企业投入更多资源用于组织内部信息传播和共享时，创业者的经验在组织内部能够更有效地共享和学习，从而提升企业对外部环境的响应能力。郑（Zheng，2012）研究发现团队先前的共享经验通过交互记忆系统促使创业团队能够更有效地整合团队成员的技能，进而导致企业绩效的提升。

（二）认知视角

认知理论关注个体及行为认知问题（Fiske & Taylor，1991）。认知理论指出，经验能够影响个体的认知，个体在先前工作和创业过程中对其积累的信息进行加工以形成认知，这种独特的认知特征影响了其机会识别和开发行为（Farme et al.，2011），认知视角能够深入解释创业者经验的内在作用机理，进而理解为什么一些个体更愿意成为创业者，为什么一些个体更能够识别机会并取得创业成功等问题。

创业意向是创业行为的重要驱动因素，可以解释为什么创业者选择创办企业，而创业者经验对其后续创业意向的形成存在重要的影响。创业意向是指创业者旨在创建新企业或在现有组织内设立新业务的态度及可能性的判断，这种对新事业的态度是个体认知中的重要组成部分，是能够预测创业者在特定情境下是否实施创业行为的重要因素（Delmar & Shane，2006）。罗宾逊和塞克斯顿（Robinson & Sexton，1994）较早指出教育和工作经验均积极地影响创业者后续进行创业的可能性以及是否创业成功，但是工作经验的作用程度低于正式教育。

具备不同经验的创业者表现出不同的认知特征，包括认知模式、认知偏见和自我效能等，能够部分解释为什么经验丰富的创业者能够取得创业成功。首先，经验对创业者认知模式存在影响。谢恩（2000）指出个体所具备的独特经验促使其构建识别和创造新机会的知识长廊，来源于工作、创业等经验的知识会影响其理解、推断和解释新消息的能力，也导致其更多依赖启发式进行决策。乌巴萨兰等（Ucbasaran et al.，2009）、巴伦（Baron，2009）等研究均发现成功的、经验丰富的创业者相对于初次创业者来说在制定创业决策时更加依赖手段导向逻辑。

此外，经验对创业者认知偏见存在影响，但是不同学者的观点存在差异。乌巴萨兰等（2008）指出，虽然丰富的经验促使创业者构建了更发达的机会识别模式，从而能够识别更多的机会，然而随着模式的逐步构建，创业者可能会逐渐变得过度自信，这些阻碍了创业者进一步识别创新性机会。而库克茨和瓦格纳（Kuckertz & Wagner，2010）则发现，由于创业者在过去经验中对现实情况的学习而导致其更加谨慎地评价创业机会，过度自信降低。

另外，经验还对创业者自我效能存在影响。创业者先前的成败经验这一效能信息源对自我效能感的影响最大，一般来说，成功经验会提高创业者的效能期望，反复的失败会降低效能期望（Baron & Ensley，2006）。但是这两者间并不是简单的线性关系，成功经验对效能期望的影响还受创业者因果归因方式的影响，如果创业者将失败归因于外部的不可控因素，那么失败经验将不会增强效能感，但是若归因于内部的可控因素就不一定会降低效能感（Levinthal & March，1993）。

近年来，学者开始逐渐关注经验所产生的认知弱性。经验与创业者及创业活动间的关系存在稳定点，超过一定水平后，经验所带来的积极效应会减少，经验丰富的个体可能表现得更差（Baron & Henry, 2006）。廖等（2002）提出了经验惯性的概念，个体/团队在解决新问题过程中受到先前经验的影响和约束，惯性化的问题解决方式和相似逻辑方式的采用能够帮助创业者节省时间和精力，但是这也导致个体在认知结构、洞察力等方面难以改变，侵蚀了在高度竞争环境下企业的竞争力。乌巴萨兰（2008）研究发现具备丰富经验的创业者能够识别更多创新性机会，但是创业经验与机会识别和开发间的关系并不是简单的线性关系，而是倒置 U 型关系，他们发现曾经创建超过 5 个企业的创业者反而识别更少的机会。

（三）学习视角

学习视角的研究集中探讨了创业者经验的转化机制。大量研究证实创业者的先前经验对于创业活动是至关重要的（Oe & Mitsuhashi, 2012），但是，经验代表了创业者过去经历的事件和情境，多数情况下这些经验是不能直接用于指导创业实践的（Politis, 2005），尤其是当外部环境不确定性提高时，经验的作用更受限制。在现实中常常看到经验丰富的创业者表现出的能力水平差强人意，而拥有同样或类似工作经验的两个创业者在创业过程中可能表现出迥然不同的能力水平（张玉利和王晓文，2011）。因此，创业者必须擅长于从过去的经验中学习，学习是创业者的经验在不同情境间转化的重要机制（Minniti & Bygrave, 2001）。资源视角和认知视角的研究表明，先前经验能够给创业者带来独特的知识，如隐性知识、创业知识以及认知特征的转变等方面，那么创业者经验通过什么路径产生作用是基于学习视角关注的重点。

心理学领域较早就关注了个体经验转化的问题，并提出了经验学习概念和经验学习理论。经验学习是指个体将积累的经验改造以产生知识的过程，是以经验为基础的连续过程，个体的行为和活动是在过去的行为和经历的基础上产生的（Kolb, 1984）。先前经验是创业者学习的重要来源，创业活动是一个复杂的过程，往往涉及大量的隐性知识，这种知识是通过干中学和经验转化等方式获取和积累的，这些都是经验学习的代表。现有基于学习视角的创业者经验的研究主要将经验学习理论作为自己的基础理论。明尼蒂和拜格雷夫（2001）较早将经验学习理论整合到创业领域，并构建了创业学习的动态模型，他们认为创业学习是创业者基于过去的经验而不断地更新主观的知识库，从而反复地校准创业中决策问题的动态过程。波利蒂斯是关注经验转化路径的典型代表学者，他在 2005 年构建的创业学习模型指出，创业者的职业经验通过不同的转化方式（探索式和利用式）而促进创业者不断地积累与机会识别和应对新生劣势相关的知识。随后波利蒂斯（2005）实证分析发现探索式的经验转化方式积极地促进个体识别机会，而利用式转化方式则阻碍了创业者应对新生劣势问题。

创业者既能够从成功经验中学习，更重要的是从失败的教训中加以学习，因此理解和把握失败事件的作用有助于更好地探讨创业者经验的作用。基于资源和认知视角的研究多强调创业者如何转化经验从而获得创业成功，但是却忽略了创业活动的高失败率这一重要特征，现有研究中对于失败经验以及失败经验学习的重要意义关注不足。通常情况下失败是痛苦的、高代价的，但是科佩（2005；2011）强调失败经验能够触发创业者进行双环、高层次的学习，促使创业者反思并重新理解企业运营、战略决策问题。尽管学习是连续的过程，但是创业者面对和克服不同挑战、挫折和失败的过程是学习的丰富来源（Shepherd et al.，2009）。斯托克斯和布莱克本（Stokes & Blackburn，2002）将创业失败看作积极的学习经历，由于先前失败经验中所获得的教训，创业者在后续创业活动中表现出更高的积极性和创业能力。

基于先前经验的学习也是存在弱性的。首先，经验学习容易形成固定的认知模式和路径依赖。经验学习本身是一个渐进的学习过程，注重的是先前行为的结果，需要通过对有效行为的强化来进一步增加创业者对于这一行为的使用（Minniti & Bygrave，2001），这种试错过程使得创业者的行为表现出较强的稳定性。个体在一种固定的模式或者习惯下学的越多，其坚持这一固定行为的时间就越久；其次，部分学者探讨了创业者从经验中学习的障碍。经验学习是创业者对先前的体验和经历进行反思和解释，同时通过思维将其转化为抽象的概念并用于新实践的过程（Kolb，1984），这个过程中创业者往往会遭遇学习障碍。例如莱文塔尔（Levinthal，1993）指出，个体在对过去经验进行解释时，多倾向于将成功经历归功于自身的能力，而将失败归咎于外部因素或坏运气，这种对事件因果关系的归属特征扭曲了个体从经验中的学习。

（四）情感视角

创业情感体现了在创业过程之前、之中及之后创业者对外界事物的情绪、心境和主观感受（Baron，2009）。创业产生一系列的情感问题，因为创业是一个极端的情境，表现为时间上的压力、不确定性以及个人的收益、风险与企业命运联系在一起等。通过借鉴心理学理论，在这种极端情境下建立创业情感理论，将为创业和心理学领域带来重大贡献。因此，近年来有关于情感因素在创业决策、认知及创业行为中的作用开始吸引创业研究学者的眼球，甚至国际创业领域影响力较高的杂志《创业理论与实践》（*Entrepreneurship Theory and Practice*）在 2012 年开辟专刊以探讨情感因素在创业过程中的作用。莫里斯等（Morris et al.，2012）基于情感事件理论指出，对经验加工的结果能够影响创业者的情感状态，并进一步影响创业者决策。

基于情感视角的创业者经验研究主要关注了失败经验对个体情感的影响，主要表现为两个方面。

第一，失败经验所带来的个体情感变化。乌巴萨兰等（Ucbasaran et al.，2010）研究发现，创业者在经历失败之后很难表现出乐观状态，先前的失败经验促使创业者认为自己在未来一定时间内仍然处于失败的境地，并且倾向于高估类似失败事件发生的概率，而没有经历失败的创业者往往认为自己能够远离类似的消极事件，从而变得更乐观。并且失败后创业者往往在主观上认为自尊的丧失、资金紧张和丧失独立性等，进而导致其处于悲伤的境地（Jenkins et al.，2014）。但是，也有学者探讨了失败经验所带来的积极作用。比斯利等（Beasley et al.，2003）认为先前的失败经验能够磨炼创业者的意志，促使其构建了应对失败的心理资本，从而减少了后续创业活动中失败所带来的悲伤。

第二，失败经验所带来的个体情感变化对其行为的影响。创业过程具有高复杂性、高动态性等特点，挫折、失败等消极事件所带来的个人情感变化是创业者在创业过程中必须面对的现实问题。对于创业者来说，失败往往代表了个人的损失，从而会对其情感产生消极的影响，同时这种消极的情感也会影响其对特定事件的学习能力，尤其是当外部环境模棱两可时，一方面学习理论指出消极情绪刺激个体不断地搜索、学习和适应，而另一方面危机僵化理论指出，失败和挫折抑制了个体的认知和决策过程（Shepherd，2003）。需要指出的是，情感视角是从一种独特的角度讨论创业者经验的作用，但是有学者认为个体情感的变化和学习过程是难以割舍的（Cope，2011）。

第三节　创业机会相关研究

一、创业机会的概念和内涵

创业是识别、评价和利用机会的过程，随着创业研究的发展，学者们对创业机会问题的探讨从未停止。以谢恩为代表的许多学者将如何识别和开发机会视为创业研究的关键问题，并试图从创业机会着手来解释复杂的创业过程。蒂蒙斯也指出，机会是创业过程中的核心问题，是新企业得以成功创建的内在驱动力之一（其他两个是资源和团队）。但是从现有研究来看，虽然创业机会是学者们关注的焦点，但是创业机会本身的概念内涵尚未形成一致的观点，不同学术背景的学者对于创业机会的概念存在不同的见解（具体见表2-4）。整合先前研究观点，本书的研究将创业机会定义为能够通过开发资源来创建新企业或既有企业开创新事业的恰当时机，机会的来源包括两方面：企业外部环境因素的变化形成和企业的内生资源和迭代行为创造。

表2-4 创业机会的概念

创业机会的概念	作者
创业机会是指在未来情景下能够产生新产品、新服务、新的原材料和组织运营流程，从而使得产出能够以高于生产成本的价格售出的时机，主要包含市场和产品维度	艾森哈特和谢恩（Eckhardt & Shane，2003）
机会是一种对未来可行的、符合需要的情境的判断，被认为是一种主观的现象，个体评价未来情况的可能价值，以及个体是否能够实现这种情况	史蒂文森和哈里略（Stevenson & Jarillo，1990）
机会被定义为一种未来的情况，并且决策者认为这种情况是令人满意且可行的（例如在控制和能力范围之内）。这种令人满意的可行的情况对于个体来说是主观的，当资源能够以高于成本的价格售出时机会就出现了 .	克尔等（Keh et al.，2002）
创业机会被定义为一系列导致创业者或创业团队在市场中引进新产品或服务的环境条件	杜塔和克罗森（Dutta & Crossan，2005）
创业机会更具体地定义为一种可行的能够利用市场低效率以追求利润的潜在时机，能够提供创新性的新产品/服务给市场，改进现存的产品/服务，或在未饱和市场中模仿可盈利的产品/服务	史密斯等（Smith et al.，2009）
机会被认为是一种客观的与创业者无关的现象，或者是一种源于创业者的认知和行为的现象，往往被描述为一个想法或者更具体说是一个未被开发的项目、商业模式或具有潜力的冒险活动	汉森等（Hansen et al.，2011）
机会=从事某项活动的有利通道和恰当时机；创业机会=为创建新企业或既有企业开创新事业的有利通道和恰当时机。创业机会由市场维度（市场需求、市场进入）、资源维度（资金、新技术等）、创业者维度（促成创业者的条件与时机）以及相关支持系统维度（政策、法规等）等构成	王朝云（2010）

资料来源：作者根据相关文献整理。

二、机会的分类

由于学者从不同的角度探讨机会的内涵，现有研究对机会类型的划分也存在不同的观点。从机会自身属性和分类的角度有助于我们深入理解创业行为的内在本质，针对不同类型的机会，机会识别的影响因素、具体过程和行为表现等方面均存在差异。因此，本章试图梳理不同学者对机会类型划分的观点。

萨缪尔森（Samuelsson，2001）基于机会与现存组织常规业务的接近程度将创业机会划分为均衡型机会和创新型机会，均衡型机会主要来源于现有市场中的供求不平衡，机会开发的结果与现存企业的常规业务差异不大；相反，创新型机会的开发则往往是打破现有市场平衡，来源于创业者的创新性和风险承担能力，与激进式创新的观点非常相似。同时，开发这两种机会所需的时间和面临的挑战是存在显著差异的，与均衡型机会相比，开发创新型机会的时间更长，面临的风险更大，并且是一个非线性的过程（许利毅，2008）。

塞门松和达尔斯特兰德（Saemundsson & Dahlstrand，2005）基于创业者所具备的技术和市场知识的新旧程度，从机会的新颖性角度区分了机会的类型。商业机会的新颖性与创业者的先前知识基础积极相关，没有新颖的知识创业者难以识别新颖的机会，其中，技术知识和市场知识是决定创业者机会识别创新程度的两个很重要的维度，基于这两个维度我们可以辨别出新创科技型企业中的四种机会（见图2-1）。

第一象限的机会是基于现存技术知识和现存市场知识的机会，这种类型的机会是创新性最低的机会，可能会导致渐进式创新，但前提是确实存在任何根本性的创新。第二象限的机会是基于新技术知识和现存市场知识的机会，这种类型的机会是在现存的市场中利用新的技术，机会的开发有可能增加产品/服务的特色，提高先前产品的绩效。第三象限的机会是基于新技术知识和新市场知识的机会，是创新性程度最高的机会，这种类型的机会的目的是使用新技术知识满足于新兴顾客需求，如果机会开发成功将会导致企业进行激进式创新。第四象限的机会是基于现存技术知识和新市场知识的机会，这种类型的机会是使用现存的技术和产品去满足新兴顾客需求，与新产业的出现或是现存产业的变革有关。

市场知识

	现存的	新的
新的 技术知识	新技术–现存市场 II	新技术–新市场 III
现存的	现存技术–现存市场 I	现存技术–新市场 IV

图 2-1　蒙德森和达尔斯特兰德（Saemundsson & Dahlstrand，2005）的机会分类

阿迪克威利等（Ardichvili et al.，2003）借鉴创造力的思想，从价值诉求和价值创造能力两个维度区分了四种类型的机会（具体见图 2-2），其中价值诉求，或者说是市场需求，反映了问题本身的价值，而价值创造能力反映了问题的解决方式，并且不同类型的机会所揭示的机会开发过程是存在差异的。

价值诉求

	未被识别	被识别
不明确的 价值创造能力	"梦想" I	问题解决型 II
明确的	技术转移 III	企业形成 IV

图 2-2　阿尔德奇等（Ardichvili et al.，2003）的机会分类

第一象限机会的价值诉求未被识别，创业者能够有效开发机会以实现价值的能力也尚不明确，问题及其解决方式都不可知，这种类型的机会可以称为梦想，仅仅是很模糊的概念。第二象限机会的价值诉求非常明确，但是如何实现机会的价值却不确定，问题已知但是解决方式未知，这是一种问题解决型机会，机会开发的目的是设计特定的产品或服务以满足特定的市场需求。第三象限机会的价值诉求未被识别，但是价值创造能力却非常明确，问题未知但是解决方式已知，这种机会可以认为是"技术转移"，即为已有的产品或技术寻找应用市场，机会开发的重点是寻求技术的应用，而不是产品/服务的开发。第四象限机会的价值诉求和价值创造能力均非常明确，机会开发过程强调将已经识别的资源和需求进行匹配，从而成功创办新企业，这种类型的机会更有可能促使创业者成功创建新企业，而其他类型的机会在开发过程中会面临更高的不确定性和挑战。

史密斯等（Smith et al.，2009）将创业机会划分为显性机会和隐性机会，并整合机会类型、先验知识和创业者发现过程构建了以下框架（具体见图2－3）。显性机会是一种证据充分、能够明确表达的追求利益的时机和情境，机会开发的结果更关注对现有技术、产品或流程的渐进式调整和改进，这种能够被清晰描述的机会更倾向于在非饱和市场中利用市场的低效率，例如信息不对称、不正当竞争、垄断等等。相反，隐性机会则是难以明确编码和清楚表达的追求利益的时机和情境，这种机会更可能存在于未被开发或是全新的市场中，机会开发的结果更加强调对产品、服务、原材料或组织流程的重大改进或创新。这种机会类型的划分方式有助于学者更深入地理解机会识别研究中发现观和创造观之间的差异。当机会越容易编码和描述时，创业者对机会的系统搜索行为越容易发生，因为机会本身的可描述性积极地促进了创业者的搜索过程；但是当机会相对更加隐性化时，机会的搜索过程会面临更大的挑战，此时创业者的先前知识以及与外部环境的互动过程起着非常重要的作用。

图 2 - 3 史密斯等（2009）的机会分类和机会识别行为

林嵩等（2006）从市场特征和产品的技术先进性两个维度直观地将创业机会划分成四种类型（具体见图 2 - 4）。市场特征是指创业者所处的市场环境特征，如市场规模、行业成长性、竞争强度、不正当竞争程度等；而产品的技术先进性则是指产品是否存在技术壁垒、成本优势等。基于市场和产品本身特征这两个维度的构建，我们可以非常直观地探讨不同类型机会的开发过程，并且不同的机会需要制定不同的战略。第Ⅰ种创业机会的市场优势和技术先进性都非常具备优势，但是现实中这种机会往往转瞬即逝，大量的新进者和模仿者导致创业机会的市场优势逐渐消失，或者是技术的变革和发展导致原有的先进技术过时。第Ⅱ、Ⅲ种机会在市场或产品本身中的一方面存在优势，在现实中这两类

图 2 - 4 林嵩等（2006）的机会分类

机会也是最为普遍的；第Ⅳ种机会的市场和产品特征方面均不具备优势，此时并不是创业的好时机，创业者需要等待市场进化或者是技术的变革和发展再开始创业。

三、机会识别研究的概述

（一）机会识别的概念

创业是一个发现和利用有利可图机会的过程，识别和选择正确的机会是创业成功的关键（Shane，2000），因此探索机会的开发过程是近年来创业研究学者关注的焦点。在新企业创建和现有组织的创业活动中，机会开发包括机会识别、评价及利用三个子过程（Shane & Venkataraman，2000）。其中，机会识别是创业过程中尤为重要的环节，创业过程始于机会识别，其对创业的成功具有至关重要的影响。商业机会的识别主要发生在企业生命周期的早期阶段，但是也会贯穿于整个创业过程，机会识别过程并不仅仅是简单的识别，而是一个复杂的、多层级和递归的过程（Samuelsson，2001），目前学者对于这一概念的内涵存在不同的见解。

阿迪克威利等（2003）研究指出，机会识别包括三种不同的过程：感知市场需求和未被利用的资源，识别或发现特定的市场需求与资源间的匹配关系，创造新的特定的需求与资源的匹配关系。卢普金和利希滕斯坦（2005）基于心理学中的创造力理论，构建了基于过程视角的机会识别模型，包括准备阶段（在机会发现前的知识和经验）、孵化阶段（创业者/团队对想法和概念沉思的过程）和直觉（识别到机会的瞬间），他们指出机会识别并不仅仅是一个短时间认知瞬间，而是一个复杂的动态与迭代过程，通过这个过程不断地收集信息，创造新的知识，从而促进机会的识别。

关于机会识别的概念，学者们存在两种不同的理论观点：机会识别的发现观和创造观，基于不同的理论视角，机会识别的过程和行为特征存在显著的差异。机会识别的发现观是基于现实主义理论假设的，认为机会是客观存在于市场环境中，等待创业者发现和开发，创业者需要系统地搜索和观察外部环境的变化，获取外部信息以促进机会的识别和开发；机会识别的创造观则认为机会是被创造和社会构建出来的，创业机会的出现是基于创业者面对外部环境变化而探索新产品和新服务过程中的认知和行为，在创业过程中个体并非尝试搜索清晰的机会，而是通过反复学习和反馈过程而逐渐形成新的创业机会，正如艺术家通过想象和反复尝试创造出艺术品一样（Alvarez & Barney，2007）。

斯晓夫等（2016）在系统分析和归纳总结国际顶级期刊中关于创业机会识别和创业机会来源的案例研究文章，分析发现创业机会来源的两种认知论：第一种是机会客观存在观点的"印迹"过程；第二种是基于社会构建的"众迹"过程，发现或构建创业机会均可以通过填补市场中的空缺来为创业者及其团队创造价值，并在创业过程中迸发出大量的新机会；斯晓夫等对6篇案例文献和中国打车软件市场进行分析发现，印迹和众迹过程并非是完全独立的，市场上客观存在的机会既是被创业者发现出来的，又是被社会构建出来的，正如滴滴打车、快的打车等企业的创建过程一样，创业团队不仅发现了当前出租车市场上存在尚未满足顾客需求的商业机会，同时又借助了新兴移动互联网技术创造出新的市场机会。

（二）机会识别的影响因素

机会识别是创业过程中的重要环节。通过梳理机会识别的相关研究发现，其主要的影响因素可分为外部情境变量和内部情境变量。其中，外部情境变量包括制度、文化、市场等方面，内部情境变量包括创业者/高管团队（特质、领导力）、组织特征（文化、治理、沟通）、资源特征（初始资源、网络、资源约束）等方面。

1. 外部环境因素

从发现观的角度来讲，外部环境是创业机会的来源，同时从制度理论角度来讲，认知环境中支持创业的文化代表着创业活动的社会合法性，被认为是可接受的行为，对于个体追逐机会的动机存在积极的影响（Alvarez & Barney，2007）。外部环境特征促进了创业机会的出现，外部环境是一种初始输入条件，能够促进或限制创业活动，可以为组织成员提供创业机会相关的信息（Shane & Venkataraman，2000）。同时李等（Li et al.，2008）研究发现中国转型环境中存在的制度洞会产生更多的制度机会，其所提出的制度洞类似于社会网络里的结构洞，在动荡、不确定的环境下，这种制度洞产生的机会更多，制度环境的持续变革在很大程度上影响着企业的存活和发展方向。同时，社会态度对个体/组织的创业意愿具有很大的影响，进而影响机会识别过程，文化认知中对创业的支持代表着创业活动的社会合法性，被认为是可接受的行为（Tominc & Rebernik，2007）。

唐靖等（2007）在回顾探析和评述创业机会识别与认知、创业决策的研究基础上，深入分析不同创业环境特征对机会识别与认知方式的影响，并提出创业过程中创业者面临着风险性、模糊性和不确定性环境：在风险性较高的环境下，机会源于被识别，创业者应该采用资源分配方式进行机会决策；在模糊性较高的环境中，机会源于被发现，创业者应该采用因果分析法进行机会决策；在不确定性高的环境中，机会源于被创造，创业应该采用实践和干中学的模式进行机会决策。严杰和刘人境（2018）构建了创业机会识别的仿真模型，模型中引入了创业环境的动态变化频率与幅度、创业学习方式，重点探讨这两个因素对创业机会识别的影响机理；仿真分析发现，创业者应该根据环境特征采用不同的创业学习方式以提高机会识别能力，例如在稳定性高的环境中，创业者应该采用实用主义学习策略以识别商业机会，在动态性高的环境中，创业者应该采用顺从主义学习方式以提高自身的学习效率，进而更快地识别有价值的机会。

2. 创业者/团队特质

在新企业创建阶段，影响机会识别的个体特质因素是早期研究关注的焦点，基于认知视角的机会识别研究重点关注了人格特质对机会识别的影响，包括警觉性、自我效能、创造力、内外控、自信、短视等（Zahra et al.，2005）。警觉性是创业活动的基础，创业者的警觉性需要达到一定的程度才能够识别到机会（Kirzner，1973）。阿迪克威利等（2003）构建了机会识别理论框架，认为机会识别是一个多层级的过程，研究发现创业者警觉性是任何创业活动的基础，创业者的警觉性需要达到一定程度才能够识别机会，创业者警觉性越高，机会被识别的可能性越大。佐拉等（2005）从认知角度探索创业者如何识别、利用机会时指出过分自信、短视、内外控等人格特征会影响个体的决策等行为，并影响个体对风险竞争战略的追逐，这个结果也揭示了为什么一些个体能够发现并积极地追逐机会。

佐拉等（2005）深入分析了创业者的认知因素对机会识别的影响，研究指出，创业者的认知偏见会影响创业者的决策，这些认知偏见包括过分自信、短视、内外空性、自我效能感、认知模式、动机等因素，例如管理者的认知往往会决定其对环境的反应，以及决定创业者如何定义创业机会；同时体的认知受外部文化、制度、政治、技术等环境及个体经验的影响。恩德雷斯和伍兹（Endres & Woods，2007）基于主观主义角度理解机会识别的创造观，研究识别出影响机会识别的三个重要因素：创业者结构化其现有与市场环境有关的知识；创业者的警觉性是在机会创造过程中创业者如科学家一样通过推测等方式创造新的方式—结果框架。爱尔兰等（Ireland et al.，2009）也指出高层管理者对组织机会的识别和创业战略的形成具有重要的作用，企业的机会识别活动往往是非计划性的，依赖于领导者偶然发现新的商业机会，进而导致了后期的机会开发过程。

3. 创业者的资源因素

在新企业创建过程中，创业者/团队的资源禀赋（受教育程度、经验、声望、行业知识）对机会识别具有重要的影响，谢恩（2000）指出由于创业者的先验知识促使其识别新信息的价值，从而更容易发现机会，且有经验的创业者能够识别更多的机会，并利用创新更高的机会，以及能够创造财富的机会，创业者的先验知识能够增加识别和发现创业机会的概率（Ucbasaran et al.，2009）。个体更倾向于关注与现有知识基础相关的信息，因此创业者的先验知识促使其识别新信息的价值，从而更容易发现机会，创业者的"信息库"能够创造特定的心智模式，这为识别新的信息提供了架构，为了识别机会，创业者需要拥有先验信息，并且不断补充新的信息（Shane & Venkataraman，2000）。谢波德和德蒂恩（2005）通过实验研究法分析先验知识、潜在财务激励与机会识别间的关系，具备先验知识的创业者能够基于更深的结构、对概念更深的理解而创造和积累了独特的信息集合，并能够提升信息处理的效率，这些能够强化其识别创造性机会的能力；先验知识在潜在财务激励与机会识别间起着调节作用，关于顾客问题的先验知识越丰富，个体越容易形成思维定式和路径依赖，进而导致潜在财务激励对机会识别的影响越低。

4. 社会网络

前文梳理发现，创业者和创业企业的资源是影响机会识别的重要因素，其中社会网络是创业者和创业企业的独特资源要素。新创企业面临着显著的新生劣势，自身具备的资源禀赋相对有限，通过市场手段获取新资源的能力尚欠缺，在新企业创建和发展过程中社会网络起着至关重要的作用（Stinchcombe，2000）。从社会网络视角探讨机会识别的影响因素是学者们关注的重点研究问题，因此，本部分将进一步梳理社会网络因素对创业机会识别的影响机理。

信息在机会识别中起着至关重要的作用，创业者必须获取、吸收并利用与行业、市场、技术等方面有关的信息（Shane，2000；2003）。网络是一个机会集合，它能够为创业者提供识别机会所需要的信息、非物质支持以及财务支持，以增强创业者识别机会的能力（Ardichvili et al.，2003）。在中国转型经济情境下，这一情况变得更为突出。究其原因，整个市场体制尚未完全建立，制度体系尚不健全，为新企业营造了一种风险和不确定性都较高的环境（Li & Zhang，2007），导致创业者更加倾向通过关系网络来获取识别机会所需要的信息。爱迪时等（Aidis et al.，

2009）认为，转型经济情境下社会网络的作用比成熟经济要明显，组织的商业网络对机会识别过程作用显著，企业与客户、供应商和同行间的网络关系能够为其带来市场信息和知识，这对于企业识别机会具有一定的指导性。

<h2 style="text-align:center">第四节　组织双元理论相关研究</h2>

一、双元的内涵及度量

（一）探索与利用的内涵

邓肯（Duncan，1976）首次提出"组织双元性"后，学者们采用"双元"来描述企业如何动态地协调短期和长期发展，即企业在保证当前运营活动的效率和短期发展的同时，又对外部环境的变化具备足够的应对和适应能力。双元性是近十年来组织理论研究中的一个焦点，大量研究从不同角度探索了双元性的问题。众多国际顶级期刊纷纷推出组织双元性的特刊，专门探讨企业如何实现双元性以及双元性对企业的影响。探索和利用是双元理论中关注的两个核心概念。探索是指个体/组织探索新领域、获取新资源和新知识/能力的活动，是一种收入分布概率未知的行为；利用是指开发现有资源/知识能力组合的活动，是收入分布概率已知的行为（March，1991）。March 在早期研究中分析了这两个核心概念的本质性差异（具体见表 2 - 5）。近年来，国内学者也开始关注组织双元性问题，如焦豪（2011）基于动态能力理论构建双元型组织，考察了企业如何通过探索式创新和利用式创新来提升企业短期绩效和长期竞争优势的机理，他的研究发现探索式和利用式创新的平衡在一定程度上积极促进企业长期竞争优势。

表 2 – 5 探索和利用间的差异

对比项目	探索	利用
目标	发现新事业，发现和创造新知识，为了满足新兴市场或潜在顾客的需求	开发现有事业，应用已有的知识，为了满足现有市场和顾客的需求
行为表现	搜索、变异、冒险、试验、创新	精练、选择、生产、实施、执行
知识基础	需要新的知识或是从已有知识中升华出新的知识	扩展了已有的知识与信息
学习行为	自下而上，显性知识内化和整合	自上而下，隐性知识外化和整合
风险偏好程度	风险非常大，回报高度不确定	风险较小，回报相对确定
组织文化	冒险倾向、速度、柔性、灵活	效率导向、低冒险倾向、质量控制
组织设计	有机的、非正式的组织结构，宽松的控制系统	机械的、正式的组织结构，紧密的控制系统
对环境的适应性	更适用于动荡性高的环境，往往与新技术和新市场紧密相关	更适用于稳定的环境，往往与已有的、成熟的技术和市场紧密相关
企业产出	长期绩效	短期绩效

资料来源：作者根据玛驰（March，1991）、张玉利和李乾文（2009）、刘衡（2011）等研究整理。

越来越多的研究致力于探索组织双元性中的探索和利用的内涵及两者间的关系问题，通过回顾先前研究我们不难发现，先前研究主要从个体层面和组织层面分析组织双元性的内涵、构建机制、影响因素及对组织产出的影响等问题。随着双元理论研究的发展，通过与社会网络、组织联盟等理论相结合，双元理论逐渐向组织间层面扩展。但是从现有探索和利用的相关概念内涵来看，学者们主要基于学习、组织创新、组织能力、战略和联盟五个视角来阐述探索和利用的内涵，其中学习视角的研究包括个体和组织两个层面，联盟视角的研究关注的是组织间层面，而其他视角的研究则主要关注的是组织层面。

1. 学习视角

组织学习理论与双元理论整合后形成双元学习理论，这是对双元理论的复兴，邓肯（1976）首次提出"组织双元"之后的十几年内，双元理论并没有得到学者们的广泛关注，而真正激发双元理论的活力并引起学者广泛关注的是玛驰于 1991 年发表的关于组织学习中的探索与利用的论文，论文中提出了探索式学习和利用式学习的概念（凌鸿等，2010），从此，学者们才开始对双元理论的研究产生浓厚的兴趣，是双元性研究中最为关注的热点，并取得了丰硕的成果。文献梳理发现，学者们对双元学习问题的探讨涵盖了个体、团队和组织三个层面。

从个体和团队层面来讲，探索式学习是指管理者或高管团队在已有经验的基础上创造差异化，与扩宽管理者的现有知识基础相关，将新方法引入企业技术、流程中，以及重新思考现有信念和决策，利用式学习是建立在已有经验的基础上（March，1991），更多与扩宽管理者现有知识基础相关，关注结果，相对短期导向，尽力地按照现有信念和决策运营企业（Katila & Ahuja，2002）。从组织层面来讲，探索式学习是企业在远离现有知识基础之外的学习活动，包括搜索新的组织规范、惯例、结构和系统，而利用式学习是企业基于现有知识基础的学习活动，强调有限多样性（Auh & Menguc，2005）。这两种学习方式的侧重点存在显著的差异，探索式学习更加强调对新产品和新市场的重新定位，能够扩展企业资源的宽度，而利用式学习则更加强调对组织现状的挖掘和扩展，能够增加企业资源的深度，两者间能够相互补充和配合。利用式学习增强了组织知识的储备，这为企业搜索和吸收新知识提供了有力的支撑，同时随着探索式学习的进行，新知识与原有知识的结合与碰撞，提高了原有知识的创造性利用（刘新梅等，2013）。

2. 创新视角

探索式创新关注的是新兴出现的顾客或市场的需求，包括新设计、创造新的市场、开发新的分销渠道，探索式创新的风险更高，但对于长期成功是非常重要的（焦豪，2011）。利用式创新关注的是现有顾客或市场的需求，包括质量的改进、不断挖掘和延伸现有技术、扩宽现有知识和技能、改进现有产品/服务以及提升企业运营效率、提升现有分销渠道的效率等行为活动，利用式创新的风险相对更低，这对于企业短期成功是必要的，但是可能会阻碍企业的长期发展（Fernhaber & Patel，2012）。需要说明的是，这与激进式和渐进式创新是存在差异的，探索式和利用式与企业在追求创新时的事前战略目标更相关，而激进式和渐进式创新往往与事后产出更相关。并且，探索式和利用式创新是参照企业自身现有的能力、资源和流程，而不是与竞争者或产业层面相比较。一个企业所采取的探索式活动对于其他企业来说可能是利用式活动，反之亦然（He & Wong，2004）。

3. 能力视角

探索型能力是指通过内部研发或外部并购/联盟等方式构建新能力或更新现有资源和能力的能力，是一种从事变异、试验和冒险活动的二阶能力；而利用型能力是指企业整合与重新配置现有资源和能力，并将这些能力在特定领域有效利用的能力，通过利用能力，组织能够将已有的知识和经验成功复制到其他领域的运营活动，能够维持组织的可靠性和稳定性，提升组织的运营效率（Zhan & Chen，2013）。孟加克和奥赫（Menguc & Auh，2008）指出，探索能力反映了组织通过质疑、推动前沿知识和采取先动和创新型活动等方式进行学习的能力，利用能力反映了组织精炼和扩展现有资源与能力，提升运营效率的能力。张玉利和李乾文（2009）、李乾文等（2009）认为探索能力主要用于满足新兴市场和顾客的需求，能够为组织提供新的设计和流程，以及新的产品、技术、市场等；而利用能力则能够扩展企业已有的资源和能力，从而改进现有产品和服务，开拓新的市场和营销渠道。

4. 战略视角

何和汪（He & Wong，2004）是首个在技术创新战略情境下正式检验双元对企业绩效作用的学者，基于206家制造企业，他们发现，探索和利用创新战略间的交互积极影响企业绩效，探索和利用创新战略间的相对不平衡消极影响企业绩效。但是何关注的是组织层面的双元。于等（Yu et al.，2014）也将双元的概念和思想引入创新战略的研究，分析政治关系、战略能力与战略双元之间的关系，利用式创新战略体现为提炼、生产、效率、筛选和执行相关的活动，从而调整和强化现有产品和服务，而探索式创新战略的企业积极追求和创造新知识，同时通过产品开发实现积极扩张。王益民等（2015）探究了高管团队异质性、战略双元和企业绩效间的关系，研究认为战略双元是企业同时追求探索式创新战略和利用式创新战略过程中所体现出来的战略能力，探索式创新战略强调基础研究，核心目的是发现和获取组织创新所需的基础性知识，利用式创新战略强调企业的应用性研究，将理论知识转化为企业实际应用以生产具有市场价值和发展前景的产品和服务的活动。

5. 联盟视角

对双元的探讨不再仅仅局限于个体或组织内部，学者们逐渐将双元理论扩展到组织间层面研究。部分学者将双元理论与组织联盟理论相结合，探讨了联盟中的双元问题。罗瑟米尔和迪兹（Rothaermel & Deeds，2004）将双元学习应用到技术企业的战略联盟中，揭示组织联盟与新产品开发过程间的逻辑关系。他们认为，探索式联盟的企业期望学习和获取其他成员的技术、产品和知识，强调开发新技术和产品的过程；而利用式联盟是指最大化利用联盟成员间互补性资产的联盟，在价值创造的链条中每个成员贡献特定的能力，利用式联盟的目的是跨越组织边界，整合不同组织的现有能力以产生协同作用的联盟。拉维和罗森科普夫（2006）进一步深化了双元联盟的概念和内涵，他们认为企业追求双元联盟时需要考虑联盟的作用、合作伙伴的属性及合作伙伴的网络位置这三方面的平衡。从联盟给企业所带来的价值增加活动方面来讲，具有知识创造特征的研发联盟看作是探索式联盟，具有知识利用特征的市场联盟看作利用式联盟；从联盟成员的属性来讲，探索式联盟是指与那些属性不同于先前合作伙伴的企业所形成的联盟；从联盟成员所处的网络位置来讲，探索式联盟是指企业在联盟形成决策时，选择先前没有关联的合作伙伴。

（二）探索和利用间的关系

对于探索和利用间的关系，学者们存在截然不同的两种观点：探索和利用是连续变量的两端还是两个不同的正交变量？这个问题取决于组织将探索和利用看作是竞争还是互补性关系。

第一种观点认为探索和利用是连续变量的两端，两者之间是相互排斥的（March，1991）。首先，探索和利用之间争夺企业的有限资源，例如，当侧重探索活动时，企业往往消耗了大量的资源以不断识别和吸收新的想法，此时组织关注利用活动的动机和资源投入较低，进而导致已有知识和经验的浪费；类似地，当投入大量资源于利用活动时，组织在创新性探索和试验方面的投入就更少（Li et al.，2010）。其次，探索和利用依赖于不同的组织惯例和文化，在企业运营过程中均存在着自我强化和路径依赖倾向。例如，对于利用活动的路径依赖，惯性原理促使企业进行以惯例为基础的体验式学习，更具体地说，企业的惯例代表了其基于先前经验所构建的持久行为模式，是企业持续学习的结果和先前选择和保留的行为，企业逐渐积累的进行利用活动的经验将强化其在特定领域内构建的惯例（Stettner & Lavie，2014）；探索活动的路径依赖也类似，吸收能力导致探索活动存在路径依赖，探索新机会和新想法的行为往往依赖于企业在相关知识领域积累的经验，先前搜索活动范围越广泛，那么企业对于外部环境的熟悉程度越高，这就导致企业搜索新机会的手段和机制更加有效，更宽的知识基础、对行业及新技术变化的关注、吸收能力的演进都激励着企业不断地搜索新技术、试验和学习外部知识，即探索活动不断强化的过程（Lavie & Rosenkopf，2006）。

第二种观点认为探索和利用是两个正交变量，将探索和利用看作存在互补作用的两种活动，能够以正交的方式存在于组织内部，意味着探索和利用之间不会产生明显的影响（刘衡，2011）。持续地探索和开发新知识和新想法能够帮助企业避免组织退化和过时，而利用式活动则有利于保障企业的运营效率和市场地位（Stettner & Lavie，2014）。组织面临的基本问题是如何充分地利用现有资源以确保现有可行性，同时投入足够的资源和精力以确保未来的可行性。因此，同时追求高水平的探索和利用活动促使企业能够在保持可靠性的同时不断追求创新，进而维持企业的竞争优势（He & Wong，2004）。

对于研究者而言，确定理论逻辑前提（连续还是正交）是至关重要的，但是，对于探索和利用之间的连续或正交观点不能一概而论，探索和利用的关系在很大程度上取决于两者的资源竞争程度，还取决于分析的层次（关注单一还是多个领域），例如，在精力、时间和资源分配方面，与关注个体相比，更大的组织系统更擅长同时追求高水平的探索和利用活动，在这种情况下，组织内部的管理控制和文化是至关重要的（Mathieu et al.，2005）。古普塔等（Gupta et al.，2006）对探索和利用间关系的探讨也认为，首先，追求探索和利用所需的资源越匮乏，企业越可能侧重其中的某一种行为，也就是说在探索（或利用）的表现水平高，而在利用（探索）的表现水平低；其次，在单一领域中，探索和利用之间是互斥的；最后，跨越不同的、松散连接的领域时，探索和利用之间可能是正交变量，即某一领域的高水平探索或利用活动可以与其他领域的高水平利用或探索活动并存。

（三）双元的度量

虽然组织双元性已经成为学者们关注的焦点，但是不同研究中对双元概念的理解是存在差异的，因而他们采用了不同的方式度量组织双元。从文献梳理来看，学者们首先采用李克特计分方式分别测量探索和利用，然后采用以下三种计算方式来实现组织双元的操作化度量。

第一，从双维度角度理解双元，通过将探索和利用的取值相乘的运算来测量组合型双元。并且，为了减少变量间可能存在的多重共线性，在相乘之前将变量进行去中心化或标准化处理；而采用探索和利用间相减的绝对值来度量平衡型双元（He & Wong，2004），这也是现有研究中应用最广泛的测量方式。

第二，从单维度的角度理解双元，通过将探索和利用的测量题项合并以度量组织双元（Cao et al.，2010）。卢巴特金（2006）指出，将多个变量的量表通过计算方式整合为单一量表时，最终模型丢失了足够的信息，难以准确解释变量的特征，对比双元性的不同测量方法后发现，将探索和利用的所有题项合并为一个因子以度量组织双元时，最终模型丢失的信息是最少的。

第三，从单维度的角度理解双元，也有部分学者采用中位数的标准的方法度量组织双元。何（He，2004）借鉴中位数来将企业界定为不同的组别，所有样本按照探索式或利用式的取值进行降序排列，在中位数以上部分的样本归类为探索式或利用式，当一个企业属于探索式和利用式两个组别时，那么这个企业被认为采取双元战略。

第四，除了上述度量方式，部分研究对于组织双元性的度量还采用了其他的方式，例如通过构建数学模型来操作化测量组织双元性，这种方式更多适用于二手数据的研究。王益民等（2015）通过专利活动性质和文本分析等刻画双元，对于战略双元的平衡维度通过利用企业在探索类和开发类活动的经费投入来构建度量公式，最终公式计算得到的数值介于 0～1 间，计算结果的数值越大代表企业的探索类活动与开发类活动间越平衡。

二、双元相关研究的概述

近年来，越来越多的研究采用心理学中的"双元"的概念，或者说是个体同时灵活、熟练地使用双手的技能，作为一个比喻来生动描述组织同时追求探索和利用式行为的程度（Gupta et al.，2006；Simsek et al.，2009）。探索包括试验新的可能性，例如新技术和市场；而利用是指对现有优势、技术和市场的强化（March，1991）。探索和利用往往需要不同的信息和知识输入，面临着互相矛盾的知识处理过程。因此，大量研究试图探索企业能否和为什么能够实现双元性，以及追求双元导向是否能够取得更高的绩效（Cao et al.，2010）。对相关研究的梳理发现，双元理论的研究涵盖了个体、组织和组织间三个层面，其中以组织层面的双元性研究居多（具体见图 2－5）。

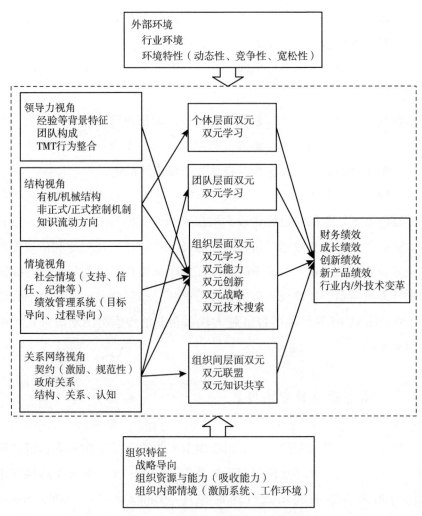

图 2 - 5　双元理论相关研究框架

资料来源：编者根据组织双元性研究整理。

（一）　双元性的前置变量研究

1. 结构视角

较早阶段，学者们试图将组织进化理论和环境适应学说等理论与双元理论整合，以探索组织如何随着外部环境的变化而不断进行渐进式和突变式的演进和调整，从而保持企业当前的竞争地位并实现繁荣发展，这也就引出了基于结构视角的双元性问题，也是较早关注的研究视角。大量学者从结构角度探索了组织如何实现双元的问题，结构双元的核心问题是"分离"，如何实现探索和利用活动在结构上的分离，包括空间分离和时间分离。

邓肯（Duncan，1976）较早提出二元结构是企业应对效率和效益间矛盾的可行方式。同样地，塔什曼和蕾莉（Tushman & Reilly，1996）提出双元型组织具备同时追求渐进和非连续创新的能力，并且呼吁企业内部需要具备多个矛盾的结构、流程和文化，通过案例研究，他们提出了如何规范设计双元组织的建议，并且管理者应该具备主动牺牲现有商业模式以创造新商业模式的能力。现有研究多数将结构双元等同于事业部门或业务单元的空间分离，强调通过松散连接的不同部门同时追求探索和利用，每个部门分别进行探索或利用活动（Benner & Tushman，2003）。他们的观点是，渐进和突变式的变化需要不同组织结构，追求利用活动的渐进式变化需要流程较为紧凑的组织结构，而追求探索活动的激进式变化需要层级化低、松散关联的组织结构（Tushman & Reilly，1996）。因此企业可以通过组织内结构的分离和协调来实现探索和利用式活动间平衡。企业可以在不同的业务单元或事业部分别构建以机械式或有机式为主导的组织结构，从而促使利用活动在机械式机构中实施，这种空间的分离能够保证每个业务单元与特定任务所需的环境相匹配，进而实现两种矛盾行为在组织中同时存在（刘衡，2011）。

空间分离并不是唯一实现探索和利用间平衡的可行方式，从广义上讲，结构双元还包括时间的分离，即间断平衡，是长期导向的探索活动和短期导向的利用活动之间的时间循环，通过在不同的时间阶段分别进行探索和利用活动（Gupta et al.，2006）。同时时间分离形式的双元是点断平衡说的一种特例，意识到探索和利用存在时间上的先后顺序，承认需要在不同期间持续地调整，这也与史密斯和塔什曼（Smith & Tushman，2005）讨论的在管理战略矛盾中固有张力方面的观点相一致。后来，拉维和罗森科普夫（2006）指出，在特定领域的任意期间，企业可能强调探索和利用中的某种行为，但是通过跨越领域和不同的时间，探索和利用之间能够维持平衡。空间分离可能对于部分企业是适用的，甚至有学者认为间断平衡是一种更为可行的方式。

2. 情境视角

随着研究的深入，部分学者开始反思结构型双元的局限性，通过结构的分离从而实现组织双元性对于多业务单位的大型企业来说可能更加适用，而且这种结构上分离的思路往往会导致组织内部资源的闲置和浪费，吉普森和伯金肖（Gibson & Birkinshaw，2004）在借鉴和突破结构型双元的基础上提出了情境型双元的概念，这与结构双元是存在显著差异的（具体见表2-6），他们认为，企业可以通过构建特定的组织情境来促进组织双元性的实现，而不是通过二元结构的安排，如整合可伸展性、纪律、支持、信任等情境因素。情境是指影响个体层面行为的系统、流程、信念（Ghoshal & Bartlett，1994），这种情境的设计应该能够鼓励和促进组织成员如何能够最好地在探索和利用这两个矛盾活动之间分配时间和精力，成功的组织表现为能够有效地平衡硬性部分（纪律和伸展性）和软性部分（组织支持和信任）之间的平衡，通过建立一系列的组织系统和流程促进组织内部探索和利用行为的发现，引导企业进行双元创新。

表2-6   结构双元和情境双元的差异

对比项目	结构双元	情境双元
双元的实现方式	探索和利用行为在空间或时间上进行分离	个体员工自主在探索和利用行为间进行分配时间
双元平衡中的决策者	组织高层人员	基层员工-销售人员、生产管理者、办公室工作者
高层管理者的作用	界定和构建组织结构	构建组织情境
员工的技能	专业化	多面手
本质	相对清晰界定	相对灵活

资料来源：布肯歇和吉布森（Birkinshaw & Gibson，2004）。

探索和利用活动需要不同的知识基础和信息处理过程，社会性情境，如伸展性、组织支持、纪律和信任等，对组织内部的知识处理过程存在影响，尤其有助于组织成员间形成共同的沟通和交流系统，提升了企业获取、吸收、转化和利用新知识的能力（Jansen et al.，2005）。需要强调的是，对于资源约束困境较强的中小企业来说更加需要通过组织成员间密切的社会交互以提升知识交换的深度、宽度和有效性，进而有利于探索和利用活动的实现（Cao et al.，2010）。信任程度高的社会关系积极促进知识的交换和整合（Tsai & Ghoshal，1998）。此外，社会情境能够加强不同背景的个体和职能部门之间的联系，有助于组织内部的知识流动和整合（Luca & Atuahene – Gima，2007）。社会情境能够替代企业内部知识流动所需的正式化、相对层级化的组织结构，因此，鼓励个体间社会交互的组织情境能够提升企业进行高质量的知识交换的能力，进而有助于企业追求双元行为。

与社会情境相比，绩效管理系统是组织内部环境的硬性部分，关注的重点是如何激励员工实现高产出以及实现高产出目标的意愿和责任感（Gibson & Birkinshaw，2004）。通过建立有效的绩效管理系统，企业能够促进员工在不同的任务和活动方面进行自主、系统的选择，并且在日常任务中表现出更高的灵活性，当管理者鼓励员工自我设定挑战性目标而不是简单设定狭窄的任务范围时，组织员工将会表现出更多的创新性行为，因为这种绩效管理方式暗示着管理者对员工创新性行为的支持（Adler et al.，1999）。相关元分析也发现，鼓励员工自我设定目标的绩效管理方式在小企业更有效（Chang & Hughes，2012）。

3. 领导力视角

高层管理者因素，包括创业者及高管团队等方面的特征，在促进组织双元性方面具有重要的影响。随着情境视角研究的深入，学者们逐渐开始关注高层管理者对组织双元的作用，因为高层管理者不仅是组织情境的设定者，也是实现结构和情境双元性的支持因素，并且能够影响组织其他成员的态度和行为（凌鸿等，2010）。例如，吉普森和伯金肖

（Gibson & Birkinshaw，2004）指出高层管理者在促进组织有效地构建双元性方面起着关键作用。曹等（Cao et al.，2010）指出，高层管理者能够明确管理探索式和利用式活动间的平衡，他们通过在一些部门引入新的能力，同时也在企业部门构建成熟能力。史密斯等（2005）认为，高层管理团队在现有产品和开发新产品间动态地转换资源，从而同时支持两方面的活动。

部分研究认为，高管团队的背景及团队构成是影响组织双元性的重要因素之一。贝克曼（Beckman，2006）的实证证据表明，创业团队构成，尤其是管理成员先前工作的企业情况，是企业探索式和利用式行为的重要影响因素。创业团队先前工作企业的多样性积极影响探索式战略，而先前工作企业的重叠性对利用式战略存在积极影响，当团队成员的先前工作企业同时存在多样性和重叠性时，企业表现出更高的双元性。法布里齐奥和贾科莫（Fabrizio & Giacomo，2006）发现了类似有意思的结果，团队成员中新进入者和老前辈间的混合对组织双元性存在积极影响。

从背景特征和构成角度分析高层管理者对组织双元性的作用存在一定的局限性，因为这方面的研究仅仅是从静态特征角度分析高层管理者所起的作用，而忽略了管理之间的交互过程，因此，大量学者开始探索高层管理者间的互动过程对组织双元性的影响。曹等（Cao et al.，2010）分析 CEO 网络范围对组织双元性的影响，研究发现，CEO 网络范围所带来的有价值的和多样化的信息能够帮助 CEO 从整体角度理解企业的利用和探索式选择。但是，CEO 与其他 TMT 成员有效地沟通和交流时，CEO 网络范围对组织双元性的促进作用更强。此外，当组织内部权利集中程度较高，其他组织成员难以参与到决策制定中时，CEO 网络范围与双元性是消极关系，他们的研究也表明了高层管理者的背景并不总是对组织双元性产生积极影响，还受到管理者间的交互过程的影响。类似地，卢巴特金（2006）描述了"行为整合"这一概念，他们认为中小企业高管团队的行为整合更有利于管理不同类型知识处理过程间的矛盾，通过相互合作、信息交换和共同参与决策，高管团队能够更全面、深入地理解团队的现有知识基础，提升组织内反馈和纠错的机会，并整合不同的观点，这对于组织双元性的实现是至关重要的。

4. 关系网络视角

以上研究主要是关注了组织内部因素对组织双元的影响，包括组织结构、情境、领导者等方面（Beckman，2006），但是也有学者将双元性影响因素的探讨向外部社会网络因素延伸，不再局限于分析组织内部因素（Vries et al.，2014）。

一是，学者们从组织层面，单一分析了企业的关系网络对双元性的影响。希姆塞克等（Simsek et al.，2009）系统梳理了双元性的概念、前因和结果，并将双元理论与社会网络理论相结合构建了一个多层级模型，他指出企业所处的网络位置和关系多样性对双元性存在影响，网络中心性与组织双元间的关系呈倒置 U 型关系，而组织网络关系的多样性积极影响组织双元性，同时组织间关系与双元间的关系受组织内部因素和外部环境的调节影响。羽田和默里（Atuahene Gima & Murray，2007）以中国新企业为研究对象探索了社会资本的结构、关系和认知维度对双元学习、新产品开发绩效的影响，研究发现社会资本的不同维度对探索和利用式学习存在不同影响，同时企业需要平衡探索式和利用式学习以加强企业绩效，而不是组合，这与成熟企业是存在差异的。

二是，也有研究不再局限于从组织自身角度，而是从更宏观的组织间层面分析双元性问题。例如，弗里斯（Vries et al.，2014）基于知识转移和组织学习理论，分析了制造商与中介服务提供商之间的契约和非契约（关系）因素对服务提供商的知识共享行为的影响，并进一步区分了共享利用型知识和共享探索型知识，基于一家大型制造企业的 70 个关系管理经理的数据发现，企业间的契约激励消极影响探索型知识共享，但是对利用型知识共享的作用不显著，契约的规范性和关系质量积极影响探索和利用型知识共享。徐露允等（2018）探究了知识网络密度对企业双元创新绩效的影响机理，数据分析发现，知识网络密度对企业利用式创新绩效存在显著的积极影响，但是对企业探索式创新绩效存在消极影响。

（二）双元的结果研究

追求探索和利用式活动以及两者间的双元互补或平衡所产生的结果主要体现为财务和成长绩效（Jansen et al.，2006）、创新绩效（Atua-hene - Gima，2005）、新产品绩效（Li et al.，2013）、竞争优势（焦豪，2011）等组织产出，同时也有少数研究关注了双元的其他产出，如行业的技术变革（Rosenkopf & Nerkar，2001）。是否同时追求探索和利用式活动时能够弥补彼此间的价值？同时保持高水平的探索和利用存在固有挑战，企业必须做出的选择是采取中等水平的探索和利用。基于这种观点，部分学者认为企业必须选择重视探索或利用行为而牺牲另一种行为（March，1991）。但是也有学者提出了与玛驰（March）相反的观点，即企业应该同时追求探索和利用行为（Lubatkin et al.，2006）。基于这种现状，大量学者开始关注双元的影响，即探索和利用之间的互补或平衡所产生的作用，接下来本书的研究试图梳理双元性结果相关的研究现状。

1. 双元与组织产出间的直接关系

从文献梳理总体情况来看，多数研究探索了双元对组织产出的影响，但是双元性—组织产出间的关系仍然很模糊，学者们的研究结论主要表现为以下四种观点：

第一，多数研究强调探索和利用间的互补对企业的积极影响。开发新知识能够帮助企业避免组织退化和官僚化，而利用现有知识对于保证企业效率和市场地位是非常重要的。因此同时追求探索和利用的企业更可能保持生产效率和创新性，在保证企业可靠性的同时不断创新（March，1991）。提出组织双元创新包括平衡型和组合型双元两个维度，他们的研究证明探索和利用式创新战略间的交互积极影响销售收入增长率，而两者间的相互平衡则消极影响销售收入增长率（He & Wong，2004）。文卡拉曼（Venkatraman et al.，2007）的研究结果并没有证实双元的假设，数据分析发现探索和利用的间断循环积极影响企业绩效。占和陈（Zhan & Chen，2013）以中国的国际合资企业为研究对象发现，当企业在国外的新兴经济国家运营时，具备利用现有资源和动态更新竞争优势能力的企业绩效表现更好，探索和利用能力之间相互加强，进而对企业绩效产生积极的交互影响。齐昕等（2018）基于多项式回归分析法和响应面分析法发现，探索式学习与利用式学习之间的平衡对竞争优势的正向效应最大，且两者间的平衡水平越高，对竞争优势的促进作用越大。

第二，也有学者逐渐认识到组织实现双元过程中面临着巨大的障碍和挑战，探索和利用从根本上来讲是依赖于不同组织惯例和结构的两种截然不同的活动，同时追求高水平的探索和利用活动将导致企业面临更高的资源矛盾和组织协调的复杂性，进而可能有损企业绩效（Gupta et al.，2006）。例如，侧重探索行为的企业往往消耗了大量的资源，而在关注利用式行为方面的动机较低，因此在解决新问题的过程中难以借鉴先前的经验和知识。类似地，过分关注利用行为也在应对和提炼现有知识的过程中消耗了大量的资源，进而导致企业在探索行为方面的可投入资源更少，在产生创新性想法的过程中面临着更为复杂的障碍（Li et al.，2010）。羽田和默里（2007）同样支持这一观点，高水平的探索式学习需要与低水平的利用式学习相匹配以加强企业绩效，反之亦然。埃本和约翰逊（Ebben & Johnson，2005）的研究也发现，对于中小企业来说，采取效率还是灵活型战略都是可行的，但是不应该同时追求两种战略，采取双元战略的企业绩效明显不如意。

国内研究方面，刘新梅等（2013）构建了组织控制、组织双元与组织创造之间的关系模型。分析发现，平衡型组织双元对组织创造力具有显著的消极影响，在资源匮乏和有限的情境下，应该根据企业自身具备的资源基础进行权衡与选择恰当的学习方式，进而促进组织创造力的构建和提升。付丙海等（2015）探讨了中国转型情境下创新链资源整合、双元创新与创新绩效间的关系，实证分析发现，探索式和利用式创新均对创新绩效存在显著的积极影响，但是两者间的交互项对创新绩效的存在显著的消极影响。

第三，也有少数研究发现，双元与绩效间并不存在显著的相关关系。例如，孟加克和奥赫（2008）借鉴资源基础观和能力观分析了双元能力对中小企业绩效的影响，他们在假设部分提出双元能力消极影响企业绩效，但是数据分析发现了与理论假设相反的结果，即双元对绩效的消极作用并不显著。李乾文等（2009）基于中国转型情境下的企业为样本，实证分析组织的探索能力、开发能力和企业绩效之间的关系，由于企业资源基础非常有限，同时具备这两种能力的企业相对少见，数据分析发现，探索能力与开发能力之间的交互作用对绩效的作用不显著。朱秀梅等（2014）构建了新企业学习导向、双元创业学习和竞争优势间的关系模型，数据分析发现，探索式学习和利用式学习均积极影响新企业竞争优势，但是两者间的交互项对竞争优势的影响并不显著，并提出探索式学习与利用式学习间的互补与平衡需要匹配特定的组织情境才能实现。

第四，随着研究的深入，学者们发现探索和利用行为与企业绩效间的关系不能简单用积极或消极来描述，双元对组织产出的作用并不表现为线性关系，并且在不同情境下双元的效果是存在差异的（Lin et al.，2007）。王凤彬等（2012）将组织绩效指标进行分解，深入分析了探索式创新和利用式创新行为对组织绩效的不同影响，数据分析发现，探索型和利用型技术创新积极影响市场绩效，而与财务绩效间的关系呈现倒置 U 型关系，由于财务绩效反映的是企业的盈利能力，而市场绩效反映的是企业的市场扩张能力。

吴晓波和陈颖（2014）引入了跨领域双元性的概念来解释中小企业的双元性问题，他们认为探索和利用式行为可以体现在技术和市场两个方面，并且数据结果发现，技术和市场领域同时进行探索或利用活动、跨域技术和市场两个领域的双元导向积极促进企业绩效，而在市场领域的双元消极影响中小企业绩效，在技术领域的双元对企业绩效的作用并不显著。杜跃平和王欢欢（2018）以陕西省的民营新创企业为研究对象，分析了双元机会能力对新企业绩效的影响，以及创业导向权变因素；数据分析发现，利用型和探索型机会能力均与新创企业绩效呈倒置U型关系，同时创业导向在双元机会能力与新企业绩效间存在调节作用，创新性、风险承担性和超前行动性这三个维度所起的调节作用方向和显著性存在差异。

2. 双元与其他产出间的关系

组织所采取的双元行为不仅对于企业本身的行为和绩效存在重要的影响，同时对于企业所处的宏观环境（如行业环境）还具有一定的影响。例如罗森科普夫和内卡（Rosenkopf & Nerkar，2001）以光盘行业为研究对象，探讨了技术搜索活动所积累的知识对行业层面技术变革的影响，他们研究发现，组织内部的探索活动消极行业内的技术变革；与跨越技术边界的探索活动相比，跨越组织边界的探索活动对光盘行业内技术变革的作用最大，此外，跨越组织和技术边界的探索活动对光盘行业外的技术变革作用最大。

（三）调节变量的研究

第一，外部环境因素。部分学者认为在不同的情境下双元的作用是存在差异的，外部环境因素是学者重点关注的情境因素，包括行业环境、环境特性等。①行业环境。德比郡（Derbyshire，2014）调查分析发现，整体来看采取双元创新行为的企业绩效表现更好，但是分行业分析时发现在不同行业背景下双元创新的作用是存在差异的，在以技术创新为核心的行业中双元理念更加适用，探索和利用式创新行为之间是相互加强的，而在其他行业两种行为之间并不是相互促进关系，更加强调某种行为的主导作用，需要实现探索和利用之间的最佳组合。②环境特性（动态性、竞争性、宽松性）。例如，比利和戴利（2007）研究发现环境动态性调节双元战略和绩效间的关系，利用式知识战略在稳定环境中的作用更大，而探索式知识战略在高度动荡的环境中的作用更大。赖施和霍茨（Raisch & Hotz，2010）正式分析了在不同环境下探索、利用及两者间的平衡对企业绩效的影响，他们用环境宽松性来描述行业的机会和动态性，分析发现，在高宽松环境下探索积极影响企业绩效，在低宽松环境下平衡导向对企业绩效的作用并不显著。

第二，组织特征。①战略导向和类型。孟加克和奥赫（2008）基于资源基础观和能力观分析了在两种战略类型企业（前瞻者和防御者）中双元和组织绩效间的关系，他们的研究发现，只有在高市场导向情境下，探索和利用间是互补关系。此外，我们通过更深入分析发现，在前瞻型企业中，探索和利用在高市场导向文化情境下是互补关系，但是在防御型企业中这种互补关系并不显著。②组织资源和能力，包括吸收能力、组织规模等。组织的资源和能力禀赋是影响双元性作用的重要因素，对于具备丰富资源的企业来说，同时追求探索和利用行为的过程中能够避免资源需求冲突，而具备有限资源的中小或新创业企业可能难以承担起同时追求两种行为所需的资源（Lubatkin et al.，2006）。罗瑟米尔和亚历山大（Rothaermel & Alexandre，2009）将双元理论应用到技术搜索战略中，并以美国的制造型企业为研究对象发现，技术搜索组合与企业绩效间是倒置"U"形关系，并且吸收能力越强，技术搜索中的双元对企业绩效的作用更强。③组织内部情境，包括绩效激励系统、工作环境。例如，李等（Li et al.，2010）借鉴权变理论的观点分析了研发团队的双元学习与新产品开发绩效间的关系，研究结果发现，过程导向的奖励和鼓励承担风险强化团队探索式学习与新产品绩效间的关系，而产出导向的激励和项目开发流程的规范化强化利用式学习行为与新产品绩效间的关系。

（四）双元相关研究的小结

从文献梳理来看，现有绝大多数双元理论的研究多是以大型或多事业单位的成熟企业为研究对象，只有少数学者关注了新创或中小企业的双元性问题，对于新企业双元性的构建问题及双元性的效果分析非常匮乏。探索新企业的机会选择问题是必要的，因为这些企业在我国经济发展过程中发挥着关键的作用，但是新创企业却因为缺乏管理技能、资本获取、与供应商和顾客的议价力量等而在市场中面临着显著的劣势（Atuahene–Gima & Murray，2007；吴晓波和陈颖，2014）。与大型、多事业单位的企业相比，新企业在可用资源（人力、物质和财务资本等）方面是存在差异的，并且具备有限的管技能从而有效地管理内外部环境的变化。此外新企业的组织结构官僚程度更低，缺乏正式的系统、流程和计划性活动。因此，新企业在管理探索和利用式活动间的矛盾和张力方面存在着更大的挑战（Chang & Hughes，2012），而将现有研究理论直接应用于新企业可能是不恰当的。因此，本书研究试图以新企业为研究对象，探讨新企业的双元性问题。

三、中国转型背景下的组织双元性问题

（一）中国情境特征

中国正逐渐由计划经济向市场经济过渡（Hoskisson et al.，2000），在这种情境下新企业面临着独特的转型环境。近年来，对中国转型环境特征的探讨以及转型环境下的独特创业现象成为国内外学者广泛关注的焦点（Sheng et al.，2011）。我国转型环境存在以下制度环境和市场环境方面的显著特征：

制度环境方面。第一，政府对企业的支持和干预现象存在。由于受到传统计划经济的影响，我国政府仍然控制着大部分的稀有和战略资源，比如说土地、税收政策、能源等，并且对市场的规模、行业结构和竞争态势存在深刻的影响（Sheng et al.，2011），政府可以通过法规的制定、产业政策和税收结构等手段干预企业日常运营（吕鸿江和刘洪，2011）。第二，法律、法规的实施力尚待提升。法律制度的建设落后于经济转型和改革的步伐，这是我国目前制度环境中的重要问题（张映红，2008）。此外，由于合同法、产权法等相关的法律制度尚待完善，在实际操作过程中法律法规的执行面临着巨大的挑战，难以有效地规范企业的行为（姜翰等，2009）。即使我国建立了法律体系，但是不同地

区在法律的执行过程中存在显著的差异，甚至出现"有法不依、执法不严、违法不究"等方面的问题（周丽和张方杰，2006）。这种法律尚待完善的情况促使市场环境中存在着大量的投机行为，导致新企业在创建和发展过程中面临着巨大的挑战。第三，计划和市场两种经济形态并行导致"制度真空"出现。由于我国制度正处于转型阶段，新的制度体系正在逐步完善阶段，制度转型过程中的双重制度并行导致制度空白的出现，这不仅对企业的运营存在消极影响，同时也为企业提供了大量的寻求经济租的机会，激发了企业的冒险行为（李雪灵等，2010）。

市场环境方面。随着中国经济改革的进行，经济系统逐渐趋向市场化（Zhou et al.，2005），经济和制度的变革导致我国市场环境呈现以下特征：第一，市场环境呈现高度不确定性。由于缺乏支持自由市场的正式制度，例如有效的法律系统正在形成中，市场竞争规则难以预测（Hoskisson et al.，2000）。第二，市场体系尚待完善。随着我国社会正逐步走向市场经济，虽然我国已经具有较高的市场水平，但是市场体系尚待完善，资本市场、技术市场、产权市场、劳动力市场等要素还远没有成熟（张映红，2008）。例如，由于我国资本市场处于初级发展且混乱的阶段，商业银行考虑到创业的风险，往往不愿意为新企业提供资金，新企业从正式的金融渠道获取资金的成本和难度更大（Zhang & Wong，2008）。此外，在转型经济背景下，管理市场交易和保护财产权的正式市场制度尚待完善，结果就是市场中机会主义行为不断出现，专利和版权违规、契约和合同破坏等行为存在于市场活动中（Li & Zhang，2007）。第三，国有与非国有企业同时并存，并且在部分行业国有企业处于垄断地位。随着我国制度转型的深化，经济系统逐渐向市场化转变，但是政府仍然通过创建成千上万的国有企业或商业项目来参与经济活动（Peng & Luo，2000），国有企业最初创建时自然地拥有了合法性，并且更容易获得政府的支持，包括资源和政策方面，甚至能够得到政府的保护，而非国有企业则相反，尤其是民营企业，在市场竞争中处于弱势地位，进而导致市场中存在国有企业垄断的现象（Peng，2003）。

（二）中国情境下的双元机会识别

我国转型经济环境不仅导致新企业面临更严重的资源约束问题和运营风险，同时新兴市场的快速发展和 GDP 增长为特定的行业造就了大量的机会。如，经济转型导致的制度缺陷为商务服务行业创造了机会和塑造了快速发展的环境，商务服务行业的发展是市场经济转型的标志。制度环境的变化和经济体制转型导致企业需要更多的专业咨询服务来解决特定的运营问题，如税收和财务问题，同时在创办企业的过程中创业者也需要与获取许可证等相关的帮助，促使企业对商务服务业的需求不断增加（Smallbone et al.，2010）。同时政策的频繁变动不仅导致企业运营环境的不确定性程度增加，但同时也带来了大量的制度创业机会（Bruton & Ahlstrom，2003）。

由以上分析可知，我国转型环境导致企业面临着明显的机会与威胁并存的困境，并且两者间的矛盾不断激化，创业者更加需要选择合适的商机以实现创业成功。因此，企业如何谨慎地、动态地协调短期和长期追求是新兴经济背景下实现生存和成长的重要因素。并且，双元机会识别强调企业随着时间的推移，在考虑收益和成本的基础上，如何有效地将组织资源分配于不同类型的机会，强调从一种全新的方式，动态地考虑企业竞争优势的影响因素。组织双元性理论认为企业需要不断地协调企业当前和未来之间的张力，过度关注短期的稳定性会导致企业丧失长远的发展，但是过度地强调成长而忽略稳定性则意味着企业是在牺牲当前而寻求未来，随着外部环境的快速变化，长期和短期之间的平衡对于转型经济背景下的企业更为重要（Yu et al.，2014）。

第五节　新企业绩效相关研究

新企业绩效已逐渐成为学术界关注的焦点之一，且出现了很多研究成果，因为绩效反映了组织的产出效应，是有关组织生产和运营活动最终结果的整体性概念（Cooper et al.，1995）。从现有研究梳理发现，学者们往往将企业绩效作为结果变量，重点关注的是哪些因素会对企业绩效产生影响，如创业者的人力和社会资本、战略导向、企业资源与能力、组织结构及外部环境等（Pirolo & Presutti，2010），以及这些因素是如何、通过什么路径影响新企业绩效的。例如，鲍姆等（Baum et al.，2001）的实证研究发现，创业者的特殊能力、动机对新企业成长绩效具有重要的影响。

准确、适当的绩效评价指标在创业研究中是至关重要的，缺乏适当的绩效评价指标不仅会阻碍理论的构建，也使管理者提出对策建议时变得更困难。企业绩效要用多维度的结构表达，墨菲等（Murphy et al.，1996）指出，任何单一维度的绩效测量都不可能反映企业的绩效产出，多维绩效测量才能在一定程度上反映企业真正的绩效，因为创业活动可能对绩效的一个维度带来有利的影响，而对另外一个维度带来不利的影响，例如对 R&D 及产品创新的大量投资能够使得企业成功地进入新的市场领域，从而带来长远的销售收入的增长，即提高了企业的成长绩效，然而这种资源的投入会减少短期的盈利。在研究中如果只考虑单一的绩效维度将会导致错误的结论和不科学的理论构建（焦豪，2011）。因此在度量企业绩效时，研究者倾向于使用多维度的指标体系来度量。同时，根据问题的需要和数据的可获得性，很多学者倾向于同时使用主观数据和客观数据度量企业的绩效。

根据库珀（Cooper）的观点，绩效衡量的是组织目标的实现程度，而组织处于不同阶段时，其目标存在着较大的差异性，这也导致不同阶段表现出来的绩效也必然不同。特别地，新创企业和成熟企业处于组织发展的两个明显不同的阶段，新创企业被普遍认为具有弱性，由新生性所导致的成长劣势或弱性（朱秀梅等，2008），导致新企业与成熟企业在诸多方面存在显著的差异。

从内外部条件上看，新创企业和成熟企业存在着显著的差异。由于资源的限制及在市场中缺乏合法性，新创企业较成熟企业面临更高的不确定性，斯廷科姆（Stinchcombe，2000）在探索导致新创企业表现出缺陷的原因时提出了"新手劣势"的概念，这种劣势既包括企业内部的"新手内部劣势"，又包括企业外部的"新手外部劣势"。从内部过程来看，由于新创企业还没有形成有效的、成熟的组织结构和运作模式，也没有经历过市场的考验，使得新创企业处于学习成本曲线的较高阶段，相对于成熟企业面临着更高的学习成本和不确定性的风险。从外部关系来看，新创企业由于新生性所导致的弱势，缺乏足够的声誉和绩效记录来获得客户、供应商及合作伙伴等外部关系，较成熟企业来说其获取外部资源的难度更大（黄国群，2008）。

从成长速度上看，通常新创企业较成熟企业表现出现更高的成长速度（Gilbert et al.，2006）。新创企业进入市场时间较短，拥有更少的市场份额，企业需要更多地去识别市场的需求、顾客偏好及市场环境的变化等（Vozikis & Mescom，1987）；此外，由于新创企业的组织结构较简单，组织扁平化，企业的决策机制灵活，能够快速地对市场变化做出反应，寻求的是快速的发展。但是成熟企业的组织结构已经趋于稳定，层级较多，成员之间的沟通缓慢，并且成熟企业的管理者着眼于回收前期的投资及取得现有资源的收益，企业寻求的是稳步的发展。

由于以上新生劣势的存在，新创企业的绩效与成熟企业的绩效表现及其测量方式存在一定的差异。通过对国内外绩效研究文献梳理发现，学者们在评价企业绩效时，所选取的指标包括财务指标和非财务指标，其中财务指标度量的是企业经济目标的实现程度，如销售收入、投资回报率、利润率等；而市场份额、新产品引入数量、员工数量等都属于非财务指标（Venkatraman et al.，2007）。从文献梳理结果看，多数学者只使用了财务绩效指标。新创企业绩效的维度主要分为成长性、盈利性、生存/成功、市场等四大类，而成熟企业绩效的维度主要分为盈利性、成长性、市场及创新四大类。

在新创企业绩效研究中，成长性是使用最多的维度，研究成熟企业时使用最多的维度是盈利性。克里斯曼等（Chrisman et al.，1998）指出新创企业绩效区别成熟企业绩效的关键在于新创企业就像新生儿一样，无论在资源还是能力方面都非常缺乏，新创企业的这些弱势促使企业首先关注其成长性。同时新创企业担当竞争中挑战者的角色，他们通过更早的行动，注重持续的产品创新，将技术发展、提供新产品或新服务作为商业运作的焦点，在他们看来，企业应当更关注自身的成长。吉尔伯特等（Gilbert et al.，2006）指出新创企业比成熟企业表现出更高的成长性，相关数据显示，有80%的创业者以新创公司的成长为主要目标，因此学者在评价新创企业绩效时使用最多的维度是成长性。而成熟企业则相反，拜德（Bhide，2000）指出，那些拥有大量资源和强大竞争力的成熟企业往往倾向于选择高投资、高短期收益、低风险的项目，而很少选择投资少、短期效益不高、风险大的项目，成熟企业的这种特点也使得研究者更多地从盈利性角度来评价成熟企业的绩效。

第六节　本章小结

本章节主要针对本书研究所涉及的相关理论、概念及现有研究进行梳理，包括创业者经验、知识共享、双元理论和新企业绩效等。首先，对知识管理理论中的知识、创业知识的概念内涵，以及创业知识的形成机理进行了梳理，从理论角度解释本书的研究为什么关注创业者经验的问题，同时还考察了知识共享的内涵及其对企业的作用机制。其次，我们进一步梳理经验的内涵、经验学习的模型，并从资源视角、认知视角、关系视角和情感视角对创业者经验的相关研究进行系统剖析和探讨，通过回顾先前的研究发现，虽然创业者经验的研究已经取得了丰富的成果，但是创业者经验对新企业的作用关系并未得到一致的结论，且两者间的内在作用机理未得到深入的探讨。再次，不同学者对于机会、机会识别的概念和内涵存在不同的理解，本章还系统整理了这两个变量的概念、分类等，同时从内外部角度梳理机会识别的影响因素，我们发现，创业者的经验和能力是影响企业成功识别和开发机会的关键因素。再再次，"双元"概念是本书研究关注的核心之一，本章对双元理论研究进行了系统总结，包括双元内涵及其度量、组织双元性的前因与结果，通过双元理论研究的梳理发现，现有双元理论的研究多是以成熟企业为研究对象，而对新企业的双元问题探讨匮乏。最后，我们对中国转型环境下的双元问题、新企业绩效相关研究进行梳理，发现转型环境下新企业面临着机会与威胁并存的竞争环境，而目前对于这一情境下新企业双元问题的关注相对匮乏。

第三章

概念模型

第一节　基本要素的概念

一、创业者经验

经验是个体曾经经历过的事件，也是个体与外部环境交互作用的结果，本书研究主要关注创业者的创业经验、职能经验和行业经验。创业经验是指创业者曾经独自或与他人合作创办企业的经历，是与创业过程联系最紧密的经验。职能经验是指创业者在不同职能领域的工作经验，包括在日常行政管理（如人力资源等）、工程技术或研发、生产管理、营销或公关、财务或会计等方面，由于不同职能部门的目标和行为本质是存在差异的，具有不同职能背景的创业者在态度、认知和观点等方面是存在显著差异的。本书的研究借鉴哈姆布里克和梅森（Hambrick & Mason，1984）、陈传明和孙俊华（2008）等的观点，进一步将职能经验划分为内部导向和外部导向的职能经验，其中，内部导向职能经验包括在生产、财务/会计和日常行政管理等相关部门的工作经历，更加强调组织内部控制和运营效率的改善；外部导向职能经验包括在产品/技术研发、销售、营销或公关部门的工作经历，更加强调创新、搜索新机会等方面。行业经验是通过创业者先前在相同产业工作经历中获得的，并操作化定义为创业者先前工作经验与新企业所处行业的相关程度，反映了现有创业活动所处的环境与先前经验的相似程度。

二、双元机会识别

机会是指企业追求利润或成长的有利通道和潜在时机（Singh，2001），整合卢普金和利希滕斯坦（2005）、谢恩（2000）等研究的观点，本书认为机会识别是企业识别新想法，并将其转化为能够创造价值的商业概念的行为。借鉴组织双元性理论的观点和度量手段，我们认为，新企业在识别机会的过程中，存在着探索型机会识别和利用型机会识别的差异。探索型机会识别是指企业追求与现有核心业务和能力不相关或相关性较低的机会，促使企业能够探索新的资源和能力组合，表现为企业在现有技术轨迹和能力基础上追求激进式转变、进入新的市场或采取新的营销模式；利用型机会识别则指企业追求与现有核心业务和能力高度相关的机会，促使企业有效利用现有的资源和能力组合，表现为在技术轨迹和能力的基础上进行较小程度的变革、满足现有市场和顾客的需求或采用已有的营销模式，其目的是改善企业现有的运营领域和维持竞争优势。

前文的理论梳理可知，探索和利用间的关系存在两种不同的理论逻辑：连续变量观和正交变量观，这也引出了双元性探究中关注的两个模式：平衡型双元和组合型双元。第一种平衡型双元模式关注探索与利用之间的平衡问题，即企业需要在探索型机会识别与利用型机会识别之间进行取舍和平衡以寻求最适合的资源分配方式，并且采用"|探索－利用|"来刻画平衡型双元；第二种组合型双元模式关注探索

型和利用型机会识别之间的互补和并存问题，即企业应该同时开展高水平的探索和利用活动，当探索和利用活动都比较强时，两者之间可以互相促进和补充以提升企业绩效，多数学者采用"探索×利用"来刻画组合型双元（Cao et al.，2009；刘衡，2011）。

三、知识共享

对于组织知识共享的研究是知识管理领域关注的焦点，以往研究表明知识共享是决定新企业行为和产出的重要影响因素。朱秀梅等（2011）、卡莱和辛格（Kale & Singh，2007）均认为知识共享是组织内部各职能部门、成员之间通过已有的流程和惯例不断转移和整合知识的过程，也是显性知识与隐性知识不断进行转化的过程。通过深入分析我们不难发现，先前的知识共享内涵更适用于大型/成熟企业，而新企业的组织结构和流程尚未成熟，其内部知识共享与成熟企业存在差异，卢巴特金（2006）以新创/中小企业为研究，探索了组织内部成员间的信息共享对组织双元性的影响。因此，本书的研究借鉴卢巴特金的观点，将知识共享界定为组织成员之间知识和信息（包括成功和失败经验）交换、解释和整合的交互过程，其中包括正式和非正式的方式，强调了成员之间知识交流的开放性、共同参与决策等方面，并且由于创业过程中往往面临很多不如意或失败的项目，因此新企业知识共享过程中对失败经验的反思、探讨和交流尤为重要。

四、新企业绩效

新企业绩效反映的是组织产出，是新企业达到特定战略计划和目标的程度。现有研究大多使用单一维度来度量绩效，如营业利润、销售收入、投资回报率等财务性指标。但是，有学者指出这种单维度的度量方式并不能准确反映企业的真实运营情况，并且这种单一的标准并不能反映企业的生存及未来的长期发展能力，因此采用多维度的绩效指标对于全面度量企业的绩效是至关重要的（Auh & Menguc, 2005）。对于绩效的测量不仅包括财务指标，还应该包括成长性指标，尤其是对于新企业来说，不仅需要衡量财务方面的产出，还需要考察企业的未来成长潜力，通过对绩效相关研究的梳理也发现，对于新企业绩效的测量使用最多的维度是成长性。其中财务指标度量的是企业经济目标的实现程度，反映的是企业短期获取利润的能力，如销售收入、投资回报率、利润率等；成长性反映的是企业的成长能力，包括销售收入增长率、员工数增长率、企业声誉、市场服务速度等方面（Zhan & Chen, 2013），其中短期的财务绩效是企业长期成长的基础（焦豪，2011）。

第二节　创业者经验与新企业绩效的关系

我国的经济正逐渐走向自由化和成熟化发展，在这种经济和制度转型的过程中，难免存在着制度的空白和动荡性，创业环境的难以预测和高度不确定性是中国转型经济环境的显著特征（Sheng et al., 2011），这给新企业的生存和发展带来了更加严峻的挑战。但是，我国的新企业创始人较少是基于能力互补的团队，而更多是因为共同的兴趣或利益而进行创业，因此新企业存在天生的知识和能力基础（Chandler & Lyon, 2009）。同时，新企业存在先天的新生劣势，在与顾客、供应商等构建关系、形成组织流程等方面面临很高的成本（Stinchcombe, 2000）。此外，新企业刚进入市场不久，缺乏组织层面的运营经验，因此，创业者的知识和经验在创业过程中所起的作用是不容忽视的。首先，作为新企业灵魂人物的创业者基于先前经验所积累的知识是新企业知识获取的重要来源（Davidsson & Honig, 2003）。转化先前经验所创造的独特知识对新企业的战略选择具有重要的影响，进而对新企业绩效产生影响（汤淑琴等，2015）。其次，作为企业的核心人物，创业者的先前经验不仅是新企业知识获取的重要来源，作为知识溢出主体，创业者在与组织各个成员的交流和互动过程中还伴随着知识的外溢，进而促进组织内部知识的构建和积累，而创业者的经验是影响其能否有效地整合组织成员知识的关键因素（Buyl et al.，2011）。

创业者经验对新企业绩效的重要作用是毋庸置疑的，但是通过文献梳理发现，经验和新企业绩效间的关系尚未形成统一定论，因此，在构建概念模型之前，本书的研究先梳理创业者经验与新企业绩效间关系的相关研究，剖析现有研究所得到的不同结论（具体见表3-1）。首先，大多研究表明经验与新企业绩效存在显著的正相关关系，例如，科萨和乔治（Kotha & George，2012）研究发现，具备相关行业背景的创业者积累了行外人难以获取的隐性知识，包括与潜在顾客需求和竞争者行为相关的信息，这些独特的知识能够降低创业者在企业运营过程中的无知性，进而有利于新企业绩效的提升。戴维松和霍尼格（2003）也发现，创业者的工作和创业经验积极影响新企业绩效，创业经验的作用尤为显著。王巧然和陶小龙（2016）探究了创业者经验（创业经验、行业经验和职能经验）对创业绩效的影响路径，并将创业者的学习模式（利用式和探索式学习）和创业能力引入影响路径中，构建了一个有中介效应的调节模型，基于362位创业者的调查数据分析发现，行业经验和创业经验对创业绩效存在显著的积极影响。

其次，也有研究得出了不同的结论，即两者间的正相关关系并不显著（Newbert，2005），例如纽伯特（2005）的研究发现，在高技术行业中创业者的创业经验对新企业销售收入的影响不显著。杨俊等（2011）探究了不同创业机会创新性的情境下创业者经验多样性和相关性对新技术企业绩效的影响差异，数据分析发现，创业者职能经验的相关性与新技术企业绩效的关系并不显著，研究主要从技术创业活动的复杂性角度揭示了职能经验相关性作用不显著的原因，高技术企业的创建和发展需要高度平衡的领导艺术，不仅需要创业者关注高技术本身特性的同时兼顾技术所服务的细分市场；在强调整合外部资源的同时维持组织内部管理的秩序；在设计产品和服务市场进入途径的同时洞悉其他竞争企业的反应；而高度相关性的职能经验虽然有助于创业者高效地执行高技术企业的内部运营管理活动，但是对其开展外部资源协调活动不一定有益。

最后，考虑到经验存在的弱性，部分研究发现创业者的经验对新企业绩效存在消极影响，甚至两者间并不是简单的线性关系（Sarasvathy et al.，2013），例如托尔尼科斯基和纽伯特（2007）发现创业者的先前创业经验对新企业绩效存在显著的消极影响。此外，部分研究还发现，经验与新企业绩效间是曲线关系，例如，乌巴萨兰等（Ucbasaran et al.，2008）均发现经验与绩效间存在倒"U"形关系，先前经验在达到一定数量前能够提升绩效，但是超过临界经验后，认知偏见会阻碍创业者的行为和新企业绩效。而德尔马和谢恩（Delmar & Shane，2006）、科萨和乔治（2012）均发现，创业者经验与新企业绩效间的积极关系呈边际收益递减规律，德尔马指出，尽管创业经验能够为创业者提供独特的知识以指导未来的创业活动，并减少创业过程中的错误，但是随着企业年龄和经验数量的增加，这些新知识对新企业销售收入作用边际递减。

表 3 – 1   创业者经验与新企业绩效间的关系：基于部分文献整理

影响方向	创业者经验与新企业绩效间的关系	作者信息
正向	新企业普遍面临着严重的新生劣势和较高的失败率，并且本身具备的知识基础非常有限，因此，新企业可以依赖于创业者的专业经验从而有效地应对新生劣势并取得快速成长，例如，基于先前创业经历积累的知识促使创业者构建独特的创业心智模式，有助于创业者能够不断地搜索和开发机会	戴维森和霍尼格（Davidsson & Honig，2003）；李和张（Li & Zhang，2007）；郑（Zheng，2012）
不显著	从先前经验中的学习并不是自动发生的，经验并不一定都能够为创业者积累更多的知识，多数情况下经验是不能直接用于指导创业实践的，尤其是当外部环境不确定性提高时	纽伯特（Newbert，2005）；奥风和三桥（Oe & Mitsuhashi，2013）；乌巴萨兰等（Ucbasaran et al.，2006）

续表

影响方向	创业者经验与新企业绩效间的关系	作者信息
负向	创业过程中的学习并不是机械化的，不同的创业机会之间存在巨大的差异，先前积累的知识和经验可能并不适用于新的创业情境，此外，经验丰富的创业者可能会逐渐产生决策偏见，例如过度自信和熟悉误差等，这些偏见阻碍了创业者识别创新性机会，不利于新企业的生存和成长	斯特海德等（Westhead et al.，2005）；托尔尼科斯金和纽伯特（Tornikoski & Newbert，2007）
非线性	经验与新绩效间的关系存在稳定点，经验过量后将会限制决策者的认知模式，进而导致其在决策制定过程中的僵化和刚性，超过临界值后，更多的经验并不能等量提升新企业绩效	德尔马和谢恩（Delmar & Shane，2006）；乌巴萨兰等（Ucbasaran et al.，2008）；科塔和乔治（Kotha & George，2012）

资料来源：作者根据相关研究整理。

由以上理论梳理发现，现有研究中创业者经验与新企业绩效间关系仍未得到一致的结果，究其原因主要包括两方面：一是对经验与新企业绩效的中间路径关注显著不足，二是少有研究深入剖析创业者经验发挥效果过程中的情境因素，经验仅仅代表了创业者基于先前经历所构建的知识和能力，但是这些并不是自动且直接能够转化为组织产出，而是需要通过特定的路径或在特定的情境下才能够对新企业绩效产生显著影响。因此，本书的研究试图分析创业者经验对新企业绩效的作用路径，并借鉴权变理论的观点，探讨创业者经验对新企业产生作用过程中的情境因素。

第三节　创业者经验、机会识别与新企业绩效的关系

目前我国正处于经济转型时期，经济和制度结构发生着巨大的变

化，在经济转型过程中必然出现制度空白和断层等问题，与成熟经济相比，转型经济中出现的制度洞和制度缺陷为创业者创造了大量的创业机会（李雪灵等，2010）。近年来中国的经济快速发展和国际化程度不断加深，相关统计数据显示，2013 年我国的 GDP 高达 57 万亿元，同比 2012 年的 GDP 增长幅度为 7.67%，占全球 GDP 的比重达到 12.3%。人均 GDP 也由 1952 年的 119 元增加到 2013 年的 41908 元，并且近五年来我国 GDP 的平均同比增长率达到 8.836% 左右。从研发投入方面看，近年来我国的研发投入增长较快，保持在 20% 左右，2013 年全社会研发支出占国内生产总值比重超过 2%，绝对量为世界第二①。此外，我国的国际化和开放程度逐渐向深度拓展，通过设立上海自由贸易试验区、建设丝绸之路经济带等方式推动我国对外开放的进程，扩大了我国企业发展的空间。经济的快速发展和国际化程度的提高为新企业提供了丰富的与新技术开发和市场进入有关的商业机会。但是，由于我国经济仍然经历着由政府主导向市场经济转型的过程，正式金融市场缺乏对新企业的金融支持（Peng，2003），进而导致新企业面临着严重的资源约束困境，尤其是资金方面。此外，由于缺乏系统的信息来源导致创业者对外部环境的扫描和感知更加复杂（Bruton & Ahlstrom，2003）。因此，虽然中国的新企业面临着丰富的机会，在战略制定方面存在很大的空间，但是企业仍然面临着尚待完善的制度和政府介入的限制，创业者在识别、评价和追求适当的机会过程中面临着强大的竞争压力（Gedajlovic et al.，2012），这些新企业为研究创业如何识别和选择机会提供了很好的背景。

双元理论（探索—利用）及其度量方式为机会的分类提供了启示，但先前创业研究中的理论和度量手段并没有区分长期导向的探索型机会和短期导向的利用型机会（Ucbasaran et al.，2008），这种对机会的区分是非常必要的，因为决定采取什么样的机会对于转型经济新企业的短期

---

① 资料来源：东方财富网 http://data.eastmoney.com/cjsj/gdp.html.

生存和长期发展需求间的复杂平衡来说至关重要（Gupta et al.，2006），而这种长短期的平衡在转型经济背景下尤其复杂。为了应对制度、经济转型和国际化带来的挑战，创业者必须采用一种创业心智模式，强调探索和利用两种机会的重要作用，尤其是对于转型和高成长经济国家的企业来说更加重要，例如中国，因为在这种环境下的管理者往往面临更多的机会选择。追求双元导向，即同时关注探索和利用型机会是非常重要的，因为这能够帮助企业动态平衡短期和长期需求（Reilly & Tushman，2004）。但是也有研究指出，为了实现组织双元性，企业必须协调探索和利用行为之间的内在固有矛盾（Mach，1991），因为开发探索和利用型机会的过程往往会带来任务和惯例冲突，并且争夺组织的稀缺资源（Raisch & Birkinshaw，2008）。因此创业者面临着复杂的机会选择和平衡问题，考虑企业应该相对重视开发哪一种机会，或者是如何同时追求两种机会。

尽管企业在追求探索和利用机会间平衡的过程中面临着大量不可逾越的障碍，但是学者们也探讨了一些影响和促进组织实现双元性的因素。他们认为企业可以通过组织结构（Benner & Tushman，2003）、惯例（Adler et al.，1999）、行为情境（Gibson & Birkinshaw，2004）等方面的设计来实现组织双元性。但是这些研究多是以组织结构成熟、资源丰富的成熟企业作为研究对象，而新企业虽然也面临着追求探索和利用活动的竞争压力，但是他们缺乏层级化的管理系统和冗余资源以帮助企业解决追求双元性所面临的障碍，因此新企业更多地依赖创业者在实现双元性过程中的作用，尤其是创业者所具备的知识和经验基础（Lubatkin et al.，2006）。与创业团队其他成员相比，创业者对新企业实现双元性的影响存在其独特性。在新企业创建和成长过程中，创业者的经验和能力有助于企业积累和构建有价值的、多样化信息，这些是新企业避免两极分化，即过度关注探索或利用的关键因素（Jansen et al.，2008）。

第四节　模型构建

从上述总结可知，创业者经验、机会识别和新企业绩效间存在紧密的联系，但是现实中常常看到拥有同样或类似工作经验的个体在创业过程中可能表现出迥然不同的能力水平。先前相关实证研究也发现，创业者经验与创业行为和创业产出之间存在不一致的结论。深入分析发现，导致经验与创业产出间不一致结论的重要原因是，这些研究假定创业者的个人知识和经验能够完全自动转化为组织知识，而没有考虑创业者经验转化过程中所面临的障碍。知识管理理论指出，创业者经验是新企业知识基础的重要来源，但是这种知识是否能够发挥效果还受企业内部知识共享的影响（Huber，1991）。知识共享是知识在组织内部各职能部门及不同个体之间转移和整合的过程，也是显性知识和隐性知识相互转化的过程，通过知识的转移、交流和整合，使得创业者对知识的理解不断深化，进而能够帮助创业者更有效地识别和选择机会，提高企业开发机会的效率（朱秀梅等，2011）。当经验能够被有效地编码、传播和解释时，创业者的知识和经验才能够更加有效地被吸收并转化为组织知识，因为个体的信息处理能力是非常有限的，并且从过去经验中继承和转化的知识可能包含一些与当前创业过程不相关的错误因素，创业者的经验需要构建有效的知识交流和整合机制以实现一个"去其糟粕取其精华"的过程（Oe & Mitsuhashi，2013）。基于以上分析，本书研究以中国转型环境的新企业为研究对象，分析创业者经验如何影响双元机会识别，进而促进新企业绩效的提升，并探索知识共享在其中起的调节作用，概念模型见图 3 - 1。

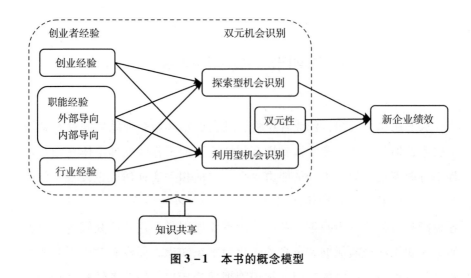

图 3 – 1　本书的概念模型

第五节　本 章 小 结

本章基于已有理论研究的现状及所存在的不足，构建本书的概念模型。一是，我们对本书研究关注的核心变量进行概念和内涵的界定，包括创业者经验、双元机会识别、知识共享和新企业绩效；二是，我们简单回顾了现有研究中有关创业者经验及中国转型环境下的新企业机会识别等方面研究所得出的结论及尚未解决的问题，进而构建了创业者经验、双元机会识别与新企业绩效间关系的概念模型，为第四章和第五章的理论假设提出奠定了基础。

第四章

创业者经验与双元机会识别的关系

第一节　创业者经验与双元机会识别

　　新企业的初始知识基础是非常有限的，因此组织运营和管理过程中很大程度上依赖于创业者的知识，尤其是基于先前职业经历中所积累的知识，这些知识对于企业识别和开发机会是至关重要的，知识的新颖性和丰富程度影响着企业追求机会的类型和难度（Politis，2005）。先前经验能够部分解释为什么特定的创业者比其他个体更加成功，大量研究指出，经验对于新企业成功识别和开发机会是至关重要的（Zheng，2012；汤淑琴等，2014），具体而言，创业者的经验包括多种类型，从文献梳理发现，创业经验、职能经验和特定的行业经验对于创业成功存在显著的影响。创业经验是学者们关注的焦点，其中尤其强调失败经验的作用（Shepherd，2003）。

　　创业经验丰富的创业者往往更能够看到并开发市场中新出现的机会（Shane，2003），同时，在先前创业过程中创业者逐渐积累了与机会识别和应对新生劣势的知识（Politis，2005）。创业者的先前职能经验也是创业研究学者关注的一种重要经验，这种类型的经验能够帮助创业者积累与顾客问题、竞争者、技术、市场等有关的知识，强化了其识别和利用创业机会的能力（Shane，2003）。此外，考虑到创业者经常会面临有关产品和服务价值的不确定性，特定的行业经验能够为创业者提供"行外人"难以获取的隐性知识和应对新生劣势所需的技能，如营销、谈判、沟通、领导和决策等方面，更能够理解和满足市场的需求（Shepherd et al.，2000）。因此，接下来本书试图探索创业经验、职能经验和行业经验对双元机会识别的不同影响。

一、创业经验与双元机会识别

尽管学者们指出创业者的经验都会对创业产生影响，但是创业经验是与创业过程最相关的经验，不同于一般的工作经验，创业经验对创业过程的影响存在其独特性和显著性。创业过程中的学习多是"干中学"，先前创业经历能够帮助创业者产生知识，磨炼技能，同时能够积累有助于提升未来创业行为的技能和能力（Corbett，2005）。先前研究指出，创业经验与机会识别（Shane，2000）、资源管理（Zhang，2011）、新企业创建决策（Dew et al.，2004）、新企业成功（Delmar & Shane，2006）等积极相关。

较多学者基于不同的理论视角研究发现，创业经验的差异对于解释为什么创业者识别和选择的机会类型是存在差异的。部分学者借鉴认知理论解释创业经验对创业的影响，例如，信息加工理论强调初次和续贯创业者的信息处理过程是存在差异的，具有创业经验的个体更加能够领会不同信息间的潜在关系，发现其他人忽略的机会（Baron & Henry，2006）。乌巴萨兰等（2009）研究指出，受先前创业经验的影响，序贯创业者构建了更为成熟的认知和机会识别模式，这能够促使创业者产生更多的创造性想法。因此，续贯创业者所识别机会的创新性更高。祁伟宏，张秀娥和李泽卉（2017）研究指出，创业经历丰富的个体具有其独特的经验曲线和学习曲线，惯性创业者的创业经历越丰富，他们通常比没有创业经验的个体更加熟悉市场环境和制度环境，更加擅长解读外部环境中的机会与威胁讯号，其抓住市场中高价值机会的可能性越大；并且具有丰富创业经历的个体能够运用复杂的决策模型和路径来分析当前环境中的变化局势、引导新创企业的发展方向，而创业经历匮乏的创业者则只能采用简单的决策模型来应对创业过程中面临的困境。

此外，创业经验为新企业提供了独特的、难以通过其他方式获取的社会资本，进而积极促进企业追求探索型机会（Delmar & Shane，2006）。创业经验促使创业者有机会与更多具有不同背景的人接触，包括金融工作者、专家、供应商和顾客等，在先前创业经验中与这些人员的联系提升了创业者的社会资本，包括弱联系或非直接关系等（Zhang，2011）。追求探索型机会的目的是获取新知识和构建全新的知识，从而发现新技术/市场、新事业、新的生产方式和新流程等（张玉利和李乾文，2009）。那么，创业经验所带来的强联系和弱联系能够为新企业带来多样化的、有价值的信息资源，这对于企业的探索活动是非常有益的（章丹和胡祖光，2013）。因此，我们提出以下假设。

$H1a_1$：创业经验积极促进企业追求探索型机会

文献梳理发现，先前研究更多从特质论、认知等角度探索具备创业经验的个体是否能够识别机会以及识别机会的数量和创新性间所存在的差异，正如以上分析可知，他们的研究结论多认为创业经验积极促进机会识别的数量和创新性（Ucbasaran et al.，2008），但是我们通过文献梳理发现，部分学者得出了不同的结论。例如，巴伦和恩斯利（Baron & Ensley，2006）创造性地将认知科学中的模式识别的概念引入机会识别的研究中，并发现与先前研究存在差异的有意思结论，他们认为特定的个体之所以能够识别商业机会是因为他们能够感知表面不相关事件的关联，并在这些关联中发现有意义的模式；他们通过因子分析和独立样本T检验发现，初次创业者与序贯创业者的机会识别原型存在非常显著的差异，随着创业者在先前创业过程中的学习和机会识别原型的构建，序贯创业者的原型将更加关注机会特征是能否满足顾客需求、产生现金流的能力、投资回报的速度、风险的可控性等方面，从而拒绝在这些属性表现程度更低的机会；而初次创业者则更加关注想法的新颖性、产品/服务的优越性、改变行业的潜在可能性和个人兴奋感等。探索型机会往往导致企业更为剧烈的创新行为，强调构建全新的知识和能力，关注的是新兴顾客的需求，其面临的风险更高，不确定性更高，投入回报速度更慢（March，1991；焦豪，2011）。由以上分析可知，随着创业经验的积累，创业者对创业过程形成了更为清晰的、理智的理解，因此，他们在识别商业机会时更加强调的是如何获得快速回报、如何控制风险，而拒绝在这些维度表现程度更低的机会，即探索型机会。因此，我们提出以下与创业经验有关的竞争假设：

H1a$_2$：创业经验消极影响企业追求探索型机会

与创业过程相关的知识多数是在干中学过程中逐渐积累的，创业经验促使创业者积累运营渠道以及如何管理企业员工等方面的隐性知识（Rerup，2005），具备创业经验的管理者已经学习到应该如何创办和管理一个新企业，因为他们先前已经遇到过相似的问题，如雇用新员工、寻找财务资源和开发新产品等（Delmar & Shane，2006）。此外，创业经验所带来的知识能够帮助创业者清楚创业过程中所需要的资源及这些资源的内在价值，明白组织哪些角色是必要的，以及哪些人能够胜任相应的角色，如何适当安排组织成员的角色和责任，而曾经没有创办过新企业的个体难以构建相关的隐性知识（Kotha & George，2012）。利用型机会的开发过程强调对现有知识和能力进行提炼、改进、整合与强化，例如将现有显性知识内化和整合、对现有技术或市场轨迹、组织流程的渐进式改良，从而进一步满足当前顾客需求（章丹和胡祖光，2013）。创业者通过创业经验所积累的有关如何创业的知识能够帮助其更快地调整企业的运营模式和组织流程，进而促使企业修正或提升现有知识和能力，同时，创业经验促使创业者有机会与更多社会成员和利益相关者接触，创业经验丰富的创业者能够更快地获取风险资本，且获取的数量更多，进而有利于企业开发利用型机会（Zhang, 2011）。因此，我们提出以下假设：

H1b：创业经验积极促进企业追求利用型机会

二、职能经验与双元机会识别

职能经验是指管理者在不同职能领域的工作经历，包括在营销、研发/工程、制造、财务和日常行政管理等方面。迪尔伯恩和西蒙（Dearborn & Simon, 1958）较早探索了职能经验与战略决策间的关系，他们认为企业家经验影响了其面对复杂商业问题时的关注焦点及提出的解决方案，战略选择往往反映了他们先前的职能背景。基于这个研究，迪尔伯恩发现，具有不同职能经验的管理者在态度、知识和观点等方面是存在差异的，进而导致他们的战略选择存在差异。哈姆布里克和梅森（1984）认为高层管理者的职能经验对企业的未来选择存在重要的影响，因为经验影响其对特定问题和解决方案的看法和态度。国际管理的相关研究也指出，管理者的经验性知识在企业国际化过程中的战略选择起着核心作用（Herrmann & Datta, 2006）。创业者在特定职能部门积累的经验促使其构建了独特的"食谱"或知识结构，这些构建的知识结构对于创业者的认知和行为具有重要的影响（Fern et al., 2012）。

尤其是在我国转型经济背景下，市场的自由化程度不断加深，创业者的职能经验意味着组织具备最基本的也是独特的能力，能够促使新企业在市场竞争中构建其独特的优势（Li & Zhang, 2007）。我国正处于经济和制度转型期，影响新企业创建和发展的正式和非正式制度正在不断转变（Peng, 2003）。随着市场经济体系的建立和制度化，创业者的经验和技能对于新企业的发展更显重要，通过文献梳理也发现，市场经济背景下的新企业相关研究尤为强调创业者/管理者职能经验的作用，而不再仅仅关注创业者的社会关系。职能经验是创业者学习专有知识的重要来源，能够帮助其学习和构建相关职能领域的专业知识和技能，进而促使企业能够更有效地识别和开发新机会（Fern et al.，2012）。在转型经济背景下也需要创业者不同领域的经验以成功管理新企业，例如随着企业探索新的机会，他们需要营销经验以理解并满足市场和顾客的需求，同时需要财务经验以借助不同的来源筹集创业活动所需的资金（Li & Zhang，2007）。

创业者的职能经验涵盖营销、研发/工程、制造、财务和日常行政管理等方面（Hambrick & Mason，1984），但是这些职能部门所从事的活动在非例行性和可变性程度等方面是明显差异的（陈传明和孙俊华，2008），因此具备不同类型职能部门经验的创业者对不同类型机会的偏爱程度可能存在差异，这也是现有研究所忽略的，现有创业者经验和机会识别的研究多关注职能经验存量对机会识别的影响（Ucbasaran et al.，2009），但是关于不同职能类型对机会识别的作用差异关注显然不足，即便是经验数量相同的创业者，但由于来自不同的职能部门，仍可能具备不同的知识结构和认知模式，进而导致其选择的机会存在差异（杨俊等，2014）。

哈姆布里克和梅森（1984）在构建高层梯队理论时，就提出组织职能划分为两大类：生产型职能—生产/运营、财务/会计、数据处理/信息系统等职能部门；输出型职能—营销、产品研发和内创业等。这两类职能领域的活动侧重点是存在差异的，生产型职能更加强调组织控制和运营效率的改善，是一种内部导向的职能；输出型职能更强调创新、新机会搜索、调整产品与市场，是一种外部导向的职能。当创业者先前工作经历来自不同的职能领域时，在解决相同的创业问题过程中，他们会以自己所从事领域的主导思想和行为模式来看待同一问题（陈传明和孙俊华，2008），在这两类职能领域工作的个体往往构建了不同的异质性知识和认知导向，包括对企业和外部环境的认知。因此，本书研究借鉴哈姆布里克和梅森的观点，将创业者职能经验进一步细分为内部导向和外部导向职能经验，内部导向职能经验包括在生产、财务/会计和日常行政管理等相关部门的工作经历，而外部导向职能经验包括在产品/技术研发、销售、营销或公关部门的工作经历，并深入分析具备不同职能经验背景的创业者所选择的机会类型存在的差异。

内部导向职能部门的主要目的是降低生产和运营成本、控制产品质量和局部的改善技术，与控制和运营效率紧密相。宋（Song，1982）较早研究就发现，财务背景企业家的特征是将企业看作财务资源的集合，倾向于通过并购业务相近的企业以实现快速的投资回报。哈姆布里克和梅森（1984）研究发现，管理者具备的内部导向职能经验积极促进企业追求效率导向的战略，对企业的流程自动化、生产工艺改进和更新等方面的机会更加感兴趣，同时当具备特定的产品和资源优势时，企业倾向于进行后向一体化，即通过获取上游生产或供应商的所有权或增强对其的控制，目的是降低生产成本和提高运营效率以求得企业的稳定发展。陈传明和孙俊华（2008）基于我国制造业 A 股上市公司的面板数据研究发现，与具备其他职能部门经历的企业家相比，拥有财务经验的企业家所创办的企业进行多元化的程度更低。赫尔曼和达塔（Herrmann & Datta，2006）指出，具备内部导向职能经验的创业者表现出更高的控制导向，他们更可能选择不确定性和风险更低的商业机会和投资项目，更不愿意选择低程度控制但却有利于企业创造新知识的机会。此外，具备财务等内部导向职能背景的创业者虽然能够获取丰富的资金资源，但是获取非通用性资源的能力却非常弱（陈传明和孙俊华，2008），这种弱性不利于企业识别和开发探索型机会。因此，我们提出以下假设：

H2a：内部导向职能经验消极影响企业追求探索型机会

H2b：内部导向职能经验积极促进企业追求利用型机会

外部导向职能更加关注的是创新、跟踪市场变化、发现新的成长机会、开发新产品/服务和多元化等方面，在这种职能部门工作的个体往往构建了独特的知识、能力和认知导向，进而导致其选择不同的创业机会（Hambrick & Mason，1984）。第一，外部导向职能经验积极提升了创业者选择探索型机会的意愿和动机。任和郭（Ren & Guo，2011）指出，销售、研发等是跨越边界的部门，这些部门与其他各部门及组织外部环境都存在非常紧密的联系，因此在这些职能部门工作的个体往往更加能够感受到市场环境的变化，跟踪最新的市场和技术发展，进而发现创新性更高的机会。艾森哈特（Eisenhardt et al.，1997）也认为，当个体的职能经验主要是在销售和市场营销领域时，更倾向于从有利角度看待市场中的机会，风险承担性更高，因此，当面临高风险和高不确定性的发展机会时，他们更可能采取积极的方式以开发机会，而具有工程经验的个体则不同。

第二，外部导向职能经验也提升了创业者识别和开发探索型机会的能力。例如具备营销、研发等职能经验的管理者在利用关系网络以获取非通用性知识、信息和新机会等方面的能力更强（陈传明和孙俊华，2008）。布伊尔等（Buyl et al.，2011）还指出，具有营销专业职能经验的企业家在识别和整合团队其他成员的职能化信息方面的能力更强，并且能够快速用于市场针对性强的产品，同时在提供创新性产品的过程中，对顾客声音的感知能力更强，这种对市场的强力关注能够缩短新产品的上市时间，并且保证新的产品与企业的资源和能力相匹配，进而提高开发新机会的效率。此外，考虑到产品上市时间、产品创新速度和针对性，由外部导向职能经验所转化的独特能力在动态性和创新性高的环境下尤为重要（Ren & Guo，2011），这对于在新技术、产品或市场方面积极追求激进转变的探索型机会来说是非常重要的。因此，我们提出以下假设：

H2c：外部导向职能经验积极促进企业追求探索型机会

H2d：外部导向职能经验消极影响企业追求利用型机会

三、行业经验与双元机会识别

行业经验是通过创业者先前在相同产业的工作中获得和积累的，能够为创业者提供"局外人"难以获取的知识和信息，包括与产品/服务价格、成本结构和价值链等方面的信息，降低其在该行业中运营企业的无知性（Dimov，2010）。此外，行业经验也是创业者获取与新市场机会相关知识的重要来源，这些独特的知识有利于提升创业者解释新信息并将其应用于开发新产品/服务中的能力，对于机会的识别和开发是至关重要的（Shane，2003）。在开发探索型机会时，创业者面临着更高的不确定性，往往需要启发式决策逻辑来应对机会开发过程中所面临的不确定性因素，而作为启发式决策逻辑的重要认知基础，创业者先前工作中所积累的多样化行业知识对机会开发过程的作用更显重要，借助于这些独特的与行业规范、企业运营有关的知识能够帮助创业者在高度不确定条件下制定行动方案，从而提高企业机会开发行为的效率（杨俊等，2011）。

开发探索型机会的结果主要表现为在技术、市场或两个领域追求激进式的变革（Gedajlovic et al.，2012），意味着创业机会价值实现的过程面临巨大的风险，这也就导致创业者的决策行为难以被团队其他成员、资源提供方等利益相关者所接受，在机会开发过程中难以获取所需的资源。此时，创业者在行业中所积累的知识、人脉等资源优势的作用显现出来，这些优势能够为新机会的开发带来合法性和必备资源（Kotha & George，2012）。此外，戴维松和霍尼格（2003）指出，具有行业经验的创业者相对来说具有更多的收入来源以创办新企业，这就导致他们往往选择潜在收益高、风险更大的机会，投资具有长期回报的项目。因此，具有行业经验的创业者创办的企业平均比没有经验的创业者创办的企业在创新性和潜在价值方面均更高。因此，我们提出以下假设：

H3a：行业经验积极促进企业追求探索型机会

考虑到创业者经常会面临有关产品和服务价值的不确定性，特定的行业经验对于创业者积累创业所需的知识和技能是至关重要的（Shane，2003）。在特定行业的工作经验能够帮助创业者获取更精确的与新企业有关的信息，包括与价格、成本结构、价值链和细分市场等相关的信息（Dimov，2010）。科萨和乔治（2012）采用"行业食谱"来描述基于行业经验所转化的专有知识，这些知识能够帮助创业者在不确定环境下有序地进行工作，促使创业者对特定行业中的所需的资源类型、获取方式以及这些资源的内在价值具有清晰的认识。此外，行业经验为创业者积累了与行业规则、惯例和规范等相关的知识，创业过程中通过采取行业中的主导逻辑和商业模式，新企业能够获得更高的行业合法性（Hellmann & Puri，2002）。行业是企业运营时需要分析的主要环境，行业的基本规范对企业的战略形成是非常重要的，同时也决定了哪些战略是可行的，行业规范暗示了该行业中适宜的资源配置模式（Datta et al.，2005）。因此，随着行业嵌入性的提升，这无形中驱使着创业者采取行业中普遍使用的战略行为，行业内部的关系也提升了企业战略与行业规范间的一致性（Haynes & Hillman，2010）。

追求利用型机会强调有效地利用组织现有的资源和能力，从而调整和强化已有的产品和服务，最大化地开发现有市场，正如前文所述，经验丰富的创业者能够更好地评估资源的价值，那么他们在创业过程中能够更加有效、迅速地调整现有资源和产品的组合，从而有助于利用型机会的开发。同时行业经验促使创业者对现有和潜在顾客的特征（包括偏好、行为和趋势等）和竞争者（产品、市场分布和战略）等方面具有清晰的认识，这些对行业现状的深入了解有助于企业改善现有商业模式和营销渠道，同时针对顾客的信息反馈和行业竞争态势的变化而进行渐进式的调整（Kotha & George，2012）。因此，我们提出以下假设。

H3b：行业经验积极促进企业追求利用型机会

第二节　知识共享的调节作用

首先，组织成员间知识共享过程中的知识交互过程所形成的知识流动能够与创业者的经验性知识形成互补。创业机会识别和开发过程往往涉及多方面，包括技术和市场方面（Grégoire et al.，2010），进而导致创业者识别机会的难度更高。创业者自身具备的知识是非常有限的，其他成员的经验和能力能够弥补其知识的缺陷，无论其他成员是否具备相应的行业经验，因为内行员工更加擅长根据行业环境的实际情况来评判创造性想法的价值和可行性，而外行员工则往往能够为组织带来新颖的产品设计思路，这种知识间的分享和整合是企业追求产品/服务创新的关键因素（Haynes & Hillman，2010）。跨域不同职能领域的知识共享能够促使不同成员的知识联系在一起，进而与创业者的知识形成互补（De Luca & Atuahene Gima，2007），强化了其创造识别和开发创业机会所需知识的能力。

创业者作为一般的管理者往往具备特定职能背景的工作经验，而其他高管团队成员则具备更多样化的职能背景，这些职能背景与创业者的职能经验能够形成重叠或互补（Lubatkin et al.，2006）。先前研究指出，在不同职能部门的工作经历能够为个体带来不同的知识和技能，进而导致个体在信息处理过程、对战略认知和评估方面存在差异，不同的职能背景能够促使企业产生多样化的观点和见解（Hambrick & Mason，1984）。因此，与其他团队成员进行交流和沟通时，创业者能够获取多样化的信息，补充自身的缺失信息和知识，促使创业者对企业运营过程中的各种问题具有更为全面的认识和评价，进而强化了创业者的先前经验对双元机会识别的影响。

当组织内部成员间能够真正地彼此共享信息和观点时，尤其在创业者与其他高管团队成员之间时，组织成员对企业的战略决策及机会开发过程具有更深的理解。丰富的交流能够降低创业者与其他团队成员间的信息不对称，当组织成员间通过丰富的媒介进行更频繁的交流时，不仅能够传达更多的信息，并且能够更全面地描述和解释战略选择的原因，这能够帮助创业者更加有效地平衡高管团队的倾向和态度，进而促使创业者更加有效地协调和保证开发探索和利用型机会所需的资源（Cao et al.，2010）。

其次，组织成员自由、开放、理性地共享异质性知识的过程，有助于创业者的知识和经验向市场型知识进行转化，强化了创业者经验与机会识别间的关系。当组织成员间的知识和信息共享更为频繁和深入时，知识和信息交换的内容则更加细致、多样化和复杂，在这个过程中，创业者不仅能够获取更多与市场和技术相关但自身不具备的互补性信息和技巧（Cao et al.，2010），同时由于"知识溢出效应"的因素，创业者与高管团队成员间的交互过程中能够获得更多意想不到的新知识，增加了创业者在机会识别过程中的创造性（许冠南，2008）。张军，许庆瑞和张素平（2014）研究发现，知识共享是成员转移和利用知识的过程，提升了企业问题解决能力和对新信息的快速反应能力，有利于强化组织已有知识转化与利用的效果，进而促进新思想的产生和新业务的开发。

最后，在追求探索和利用型机会过程中往往面临相互矛盾的知识处理过程，而组织成员间的知识共享和整合更加有利于创业者管理追求双元性所导致的知识处理矛盾，进而积极提升先前经验的效用。卢巴特金（2006）研究指出，组织成员间的合作、信息交换和共同参与决策等知识共享过程促使创业者能够更全面地、深入地理解团队的现有知识基础，实际上这种社会化过程还能够提升组织内的反馈和纠错机制，从而帮助企业更为有效地开发现有知识。此外信息的交流和整合所带来的高质量信息交换能够促使成员间产生信任和互惠等社会机制，进而促使创业者能够更迅速、顺利地调动其他团队成员的资源，而这对双元机会的识别和利用是至关重要的（Cao et al.，2010）。在进行新产品/服务开发的决策过程中，影响最终决策和选择结果的关键在于企业能否对顾客和市场知识进行创造性组合，而组织成员间的知识共享在其中起着重要的作用，能够帮助组织成员客观和理性地审视和探讨彼此间不同的观点和思想，从不同的视角考虑新产品/服务的设计过程，这有助于改善决策的质量和创造性，迸发更多的可能选择和创造性想法，进而识别和选择创新性机会（De Clercq et al.，2013）。

相反，如果组织内部缺乏有效的知识共享机制，组织成员更倾向于从自身的利益角度解决运营过程中面临的不和谐问题，低程度的知识共享和整合行为将导致企业将更多的注意力和资源用于团队维护，需要成本更高的正式规则来维护企业的运营，同时这对高管团队的集体决策产生负面的影响，制约了创业者的经验优势转化为创新性机会的选择，进而不利于新企业追求双元导向（Lubatkin et al.，2006）。例如，当创业者发现了能够促使企业进入全新技术或市场领域的创新想法时，如果企业的知识共享程度更低，那么组织内部对新想法的评估需要经历更加漫长的过程，甚至其他团队成员可能对新想法表现出的支持程度更低（Cao et al.，2010）。然而，在注重合作、信息交流自由和共同参与决策的组织中，组织成员更容易接受创新性想法，并且能够更公开地讨论新想法，更积极地分享显性和隐性知识，因此，创业者更容易发现新的方式以追求新的发展机会（Oe & Mitsuhashi，2013）。

H4：知识共享积极调节创业者经验（职能经验、创业经验、行业经验）与双元机会识别间的关系，即强化两者间的积极关系，弱化两者间的消极关系

第三节　本 章 小 结

本章的目的是剖析创业者经验、知识共享和双元机会识别之间的关系。首先，分析了不同类型的创业者经验对双元机会识别的不同影响，包括创业经验、职能经验和行业经验，并且进一步将职能经验细分为内部导向和外部导向职能经验，从而深入解释创业者经验对新企业的内在影响。其次，探讨了知识共享在创业者经验发挥作用过程中所起的调节作用，不仅增加了对创业者作用机制的理论边界的探讨，更为重要的是，能够引导创业者如何优化并强化自身知识和能力的作用，实现企业短期与长期间的平衡发展，进而获得优异的绩效表现。

第五章

双元机会识别与新企业绩效的关系

第一节　具体模型推导

前文理论梳理发现，学者们已经就探索和利用间的关系及其对组织绩效的影响进行了非常深入的研究。但是正如第二章的文献梳理所述，组织双元性是否能够提升企业绩效还存在较大的争议，多数研究发现组织双元性积极影响企业绩效，同时追求高水平的探索和利用行为能够帮助企业动态平衡短期和长期需求，一方面企业能够关注如何提高运行效率的渐进式创新机会，另一方面也重视组织更新方面的激进式创新机会（Levinthal & March，1993）；此外，也有研究发现组织双元性与企业绩效间的关系不显著甚至是消极关系，探索和利用是两种竞争性行为，利用式行为限制了企业追求探索式行为，同时探索式行为也限制了企业的利用式行为（Ebben & Johnson，2005）；并且探索式和利用式行为争夺企业的有限资源，需要不同的组织结构和文化，因此同时追求高水平的探索和利用的企业往往被视为缺乏专注性和内部配合（Li et al.，2010）。通过文献梳理我们发现导致这些不一致结论的原因主要包括以下两个方面：

第一个方面，先前双元理论的研究多数是仅仅笼统分析企业如何实现探索和利用间的互补或平衡以提升企业绩效，往往考虑的是单一维度，即是追求新的事业还是完善现有的能力。这些研究往往忽略了一个重要的问题，企业在运营过程中面临的选择和决策不是单一维度的问题，在追求探索和利用活动的过程中，企业还需要考虑的重要问题是：技术和市场问题（吴晓波和陈颖，2014），即企业在选择商业机会时需要考虑两个方面：一是探索—利用，二是技术领域—市场领域，企业在追求双元机会时可以分别存在于技术领域和市场领域，需要考虑所追求的机会接近现有技术、产品/服务和现有顾客或细分市场的程度（Jansen et al.，2006）。对组织现有技术的渐进式改变和为满足现有市场和顾客需求的创新设计都是基于现有组织知识的利用式行为。相反，对现有技术的激进式变革和为新兴顾客和市场的创新设计都是探索式行为，这需要与现有组织能力存在较大差异的新知识（Levinthal & March，1993）。

整合探索—利用和技术—市场分析框架，我们区分了四种类型的机会识别：技术探索型、技术利用型、市场探索型和市场利用型机会识别。追求不同类型的机会时企业所表现的行为是存在显著差异的，技术探索型机会识别的特征是企业的技术轨迹和能力进行大幅度的转变，包括识别具有发展潜力的技术、雇用新领域的技术人员、建立新的研发和产品生产基地等方面；技术利用型机会识别的特征是在企业现有技术知识和能力的基础上进行较小程度的技术轨迹变革，是对已有技术的强化和利用，包括提高生产效率、降低生产成本等；市场探索型机会识别的特征是挑战先前与市场连接的方式。如识别新顾客、构建与新顾客有关的知识、采取全新的营销方式、满足新出现的市场需求等方面；市场利用型机会识别的特征是提升和精炼现有与营销策略有关的技能和流程，基于已有的营销模式、细分市场和顾客需求，并根据现有市场中存在的问题和顾客的反馈信息进行小幅度的改进和调整（吴晓波和陈颖，2014）。企业可能在技术和市场两个领域同时追求高程度的探索或利用活动，也可能在不同领域中实现组织双元性，这正是先前双元理论主流研究所忽略的。

不同的创业机会类型需要不同的资源和结构进行匹配，开发创新性较高的机会往往需要整合更多高层次的人力、技术等知识密集型资源和大量的财务资源，而追求创新性较低的均衡型机会则需要整合大量资金资本（王旭和朱秀梅，2010）。并且机会的类型也会影响企业构建成长所需管理能力的时间，构建管理能力所花费的时间越长，企业在成长过程中面临的约束就越多，进而更不可能获得持续成长。因此，新企业在追求不同机会的过程中所面临的困难和成长限制也是存在很大差异的。基于以上分析，本章节试图将双元理论和技术—市场框架与机会识别相关理论整合，深入分析新企业在技术和市场领域中如何追求双元机会及其对新企业绩效的影响。

技术活动和市场活动存在内部互补性，将新技术转化为组织价值的过程离不开高效的市场活动，这两个领域活动的结合能够更加有效地提升组织绩效（Song et al.，2005）。市场创新和技术创新之间相互关联、相互促进，市场创新是企业生存和发展的关键来源，企业只有将技术进行市场化，才能获得收益和利润，保证其生存和发展。随着市场环境的竞争加剧，成功的企业需要有效地整合技术和市场创新，创造出更多的发展机会，从而获得持续竞争优势（Su et al.，2013）。但是，企业在进行技术和市场活动过程中依赖的惯性和侧重点是存在差异的，需要不同的组织结构和文化（赵亚普，2012），因此，在分析单一领域和跨越技术—市场领域下的双元性问题时，新企业追求的双元模式是存在差异的。

在单一技术或市场领域下，新企业追求的双元模式是平衡型双元。由前面的理论梳理所述，探索和利用这两种活动之间的悖论受到广大学者的关注，探索和利用活动争夺企业的稀有资源，依赖于不同的组织惯例、结构和文化，同时追求探索和利用会造成企业内部的不一致和混乱，进而对企业绩效产生负向影响（Ebben & Johnson，2005；张婧和段艳玲，2010）。探索与利用间的悖论在新企业表现更为显著，在管理探索和利用活动间的矛盾和张力方面存在更大的挑战，当追求探索和利用所需的资源越匮乏时，企业越可能侧重其中的某一种行为，即追求探索和利用之间的平衡（Cao et al.，2009）。与成熟企业相比，新企业存在各方面的劣势：首先，新企业的组织结构相对简单，所有者结构单一，属于高度集权式管理模式（朱秀梅等，2008）；其次，新企业本身具备的资金、信息及技术等资源有限，并且缺乏足够的信誉和绩效记录来获得客户、供应商及合作伙伴等外部关系，导致新企业获取外部资源的难度也更大（Stinchcombem，2000）；最后，新企业的治理结构尚不够完善，各个职能部门并不齐全，创业者往往身兼多职，这促使新企业的规制难以有效地实施，阻碍了其应对新的创业困境（任萍，2011）。因此，我们认为，在单一技术领域和市场领域下，由于相应技术或市场资源和能力的有限性和组织结构单一性等新企业劣势，探索和利用之间是连续变量的两端，新企业应该管理并权衡地追求探索型和利用型机会，即追求平衡型双元。

当跨越技术和市场领域时，探索和利用之间的关系则可能与单一领域下两者间的关系是存在差异的，探索和利用活动并不是根本上存在矛盾，两者间的互补关系逐渐显现出来。技术和市场是两个相对独立而又松散连接的领域，当跨越两个领域同时追求高水平的探索和利用活动时，由于每一领域的内部惯例、关注的焦点活动是存在差异的，因此可以借助技术和市场领域之间所存在潜在边界而缓冲探索和利用之间的矛盾（Stettner & Lavie，2014）。拉维和罗森科普夫（Lavie & Rosenkopf，2006）指出，探索和利用发生在互补的领域（如技术研发和市场营销）时并不必然是争夺类似的资源。这一思路与双元理论中传统的结构型双元的思想相类似，结构型双元指出，组织应该构建不同的结构，一部分部门主要从事探索活动，另一部分部门主要从事利用式活动，强调通过不同部门之间的空间分离而同时追求探索和利用活动（Tushman & Reilly，1996）。部分学者也支持本书研究的这一观点，例如，布朗和艾森哈特（Brown & Eisenhardt，1997）观察发现，企业能够通过连续的关注或有节奏的步调以实现探索和利用之间的转换。曹等（Cao et al.，2009）研究也指出，对于新企业而言，探索和利用之间也能够相互支持和补充，在某一产品或技术领域的成功探索和创新能够强化企业在互补领域的利用式活动。如，苹果电脑在 iPod 产品方面的成功恢复了苹果公司在当前市场的品牌和声誉，这能够帮助企业更加有效地利用现有市场资源和能力。因此，我们认为，当跨越技术和市场领域分析双元机会识别问题时，新企业在技术和市场领域交互地同时追求高水平的探索和利用型机会是可实现的，即组合型双元。如，同时追求高技术探索和高市场利用，这不仅能够帮助企业有效地利用已有的知识和经验，满足短期的生存需求，同时能够保持企业的创新性和灵活性，有助于企业的长远发展。

第二个方面，一些研究指出组织的环境特征调节双元与企业绩效间的关系，创业者的认知、决策和创业行为深深地嵌入在其所处的创业环境中的，他们必须对周围的环境做出反应（Gartner，1985）。在高科技和传统非高科技行业中，新企业面临的竞争环境存在巨大的差异，同时这两个行业中的企业特征和行为表现也存在差异（具体差异见表 5 - 1）。此外，不同行业中技术和市场活动所占的主导地位是存在差异的，因此双元的作用与行业环境积极相关。海登里奇（Heidenreich，2009）研究发现，高科技行业的创新活跃度显著高于非高科技技术行业，并且这两个行业的创新本质和模式也是存在差异。麦卡锡和戈登（McCarthy & Gordon，2011）指出，在不同的行业环境下双元的本质是存在差异的，在部分行业中的企业可能更加强调探索和利用行为中的一种，这两种截然不同的行为在不同行业背景下的作用是存在差异的，而对于不同行业情境下双元问题的探讨正是现有研究所忽略的。德比郡（2014）调查分析发现，在不同的行业背景下双元对企业绩效的影响是存在差异的，比如说在创新本质是技术创新的行业中，双元的作用更强。通过文献梳理也发现，部分影响力较大的双元研究也是在特定行业下研究的，如贝克曼

（Beckman，2006）、曹等（2009）等研究都是在高科技行业背景下。

表 5 - 1 高科技和非高科技企业的特征对比

对比项目	高科技企业	非高科技企业
环境特征	动荡，高度不确定和复杂，技术变革迅速	相对稳定，不确定性较低，技术变革缓慢
行为特征	复杂，不断变化	相对简单，惯例化
创新特征	新产品和技术创新，技术相对复杂，创新知识往往具有较高的复杂性和内隐性，被模仿难度较大	过程、流程创新，利用相对简单的技术，创新知识往往是可编码的显性知识，被模仿难度较小
管理侧重点	创新，R&D 活动及其资源投入较多	效率，R&D 的投资较少
组织结构	灵活，扁平组织，多样化的结构	层级化，统一的结构
资源需求	专用性较强的资源，竞争对手较难从市场中获取	专业性较弱的通用性资产，竞争对手较容易复制或从市场购买
竞争优势来源	增加产品和服务的范围	成本竞争和规模经济

资料来源：作者根据麦卡锡和戈登（McCarthy & Gordon，2011）、孟源等（2013）等研究整理。

吴晓波和陈颖（2014）探讨了中小企业背景下二元性对企业绩效的影响，他们的研究发现，在单一技术和市场领域追求双元性不利于企业绩效，而跨越技术和市场领域的二元性对企业绩效具有显著的正向作用。但是，他们的研究忽略了两个重要的问题：第一，组织双元性的实现存在平衡型和组合型两种不同的模式，对于不同的研究对象和分析层次而言，采取不同的双元模式对企业绩效的影响是存在差异的（Mathieu et al.，2005），而吴晓波的研究仅仅关注了组合型双元的作用，可能难以准确揭示双元对中小或新创企业的影响；第二，吴晓波的研究样本过于广泛，囊括了制造业、软件业等多个行业，不同行业的环境特征、创新本质等方面是存在一定的差异，关于组织双元性对不同行业背景下企业绩效的作用是否存在差异以及存在什么样的差异尚不清楚。因此，本章试图扩展吴晓波和陈颖（2014）的研究，深入对比不同行业背景下双元机会识别与新企业绩效间关系的差异，本部分主要关注两方面的问题：技术领域、市场领域及跨越技术—市场领域的双元机会识别（平衡型或组合型）与新企业绩效的关系，以及高科技和非高科技行业背景下，机会识别与新企业绩效间关系的差异。

第二节　单一领域中的双元机会识别与新企业绩效

一、技术领域中的双元机会识别与新企业绩效

相对于高科技行业来说，在环境相对稳定的传统非高科技行业中，顾客和供应商缺乏弹性，在这种环境下，技术创新可能不是有益的，因为客户的保守态度和根深蒂固的规范和标准可能会导致创新企业在竞争中处于不利地位（Thornhill，2006）。在一个稳定的、根深蒂固的竞争环境中，进行突破式的技术探索可能对行业领导者的影响也不大。然而，高科技行业的显著特征是技术迅速变化，技术和知识的密集程度非常高，因此，在高科技行业中企业生存并获取竞争优势的主要方式是，通过投入大量的资金和人力以关注行业技术的最新发展和开发新技术，领先于竞争者提供高质量的、顾客体验良好的、具备优越性能的新产品等方式（薛镭等，2011）。另外，高科技行业的另一特征是产品生命周期较短、更新换代迅速，一旦企业在技术开发方面落后于竞争者，那么很有可能丧失其在市场竞争中的优势。哈帕斯和梅索拉姆（Harpaz & Meshoulam，2004）研究也发现，高技术行业与技术创新密切相关，更加强调对新知识和技术的开发，科技型企业生存的关键在于保持技术的先进性，通过技术驱动市场的扩展和运作。

在高科技行业，技术演进和变革是更为普遍的现象，在这种环境下企业必须持续创新，否则企业难以保持领先优势。先前研究显示，在不确定高的科技型行业中，进行创新的企业绩效表现更高（Thornhill，2006）。具有挑战性的竞争环境迫使新企业成为创新者，进而导致新企业快速成长。技术探索意味着企业开发全新的产品或流程技术，并将其引入市场以获得领先竞争优势，主要体现在技术本身的新颖性，比如说突破式或全新的转变，或者是新奇的技术应用方式（Gedajlovic et al.，2012）。进行激进式的技术探索也往往是高风险的，因为顾客可能难以接受全新的技术，企业需要投入大量的资源以获得新技术的认可度，并且模仿者也可能很快把握这些领先技术。尽管技术探索存在以上劣势，但是在高科技行业，开发和引进创新性的产品还是能够解释新企业成功和失败的原因，因为这些新产品能够为企业进入收益丰厚的目标市场奠定基础，也能够帮助企业建立良好的市场形象和强大的品牌识别度（Zahra & Bogner，2000）。

先前大量研究也发现，技术创新战略对中小科技型企业的生存和发展起着关键的作用，基纳（Kirner et al.，2009）指出，高科技企业的显著特征是投入高强度的研发费用。但是，中小科技型企业并不具备充足的资源以快速扩大生产能力，同时也很难与传统的成熟企业在规模方面抗衡，同时资源的约束促使中小科技型企业无法与成熟企业在促销和价格战略方面具有可比性，而这两方面对于企业的生存和发展是至关重要的，因此，中小科技型企业不得不实施持续创新并利用先动优势作为竞争手段来保护企业的创新成果。钱和李（Qian & Li，2003）也认为，第一，当市场中出现新技术时，产品的销量相对较小，因此不需要扩大生产能力；第二，中小科技型企业的组织结构较为简单、灵活和非正式化，能够以更快的速度和较低的转换成本以追求不同的新技术；第三，中小企业员工的创新意识更强，以上特征促使新企业更能够实施激进式创新（Qian & Li，2003）。因此，我们提出以下假设：

H5a：对于高科技企业，技术探索和技术利用型机会均积极影响新企业绩效

H5b：对于高科技企业，追求技术探索型机会对新企业绩效的作用更大

大量实证研究表明，对于高科技行业的新企业来说，技术创新能力与企业长期绩效积极相关（Lee et al.，2001），当科技型新创企业倾向于通过向新市场引入新产品时，技术创新尤为重要。李（Lee et al.，2001）基于韩国科技型新创企业的研究发现，创新能力积极影响销售收入增长。桑希尔（Thornhill，2006）也发现了类似的结论，即创新能力积极影响企业构建新产品的可能性，并且能够改善新企业的财务绩效。哈格多恩和戴思特斯（Hagedoorn & Duysters，2002）探索了效率导向的利用型网络行为和学习导向的探索型网络行为对 IT 企业技术绩效的影响，数据分析发现，在动荡性更高的环境中，探索型网络对企业绩效的作用更大。

高技术密集型行业的重要特征是，连续的技术变革缩短了产品的寿命周期，因此现有的产品很快被淘汰（Park & Bae，2004）。这种行业环境导致成功的企业不仅需要最大化地销售现有产品，同时还需要向新市场规划新产品（Venkatraman, et al.，2007）。因此，技术探索和利用对于科技型企业的长期成功是非常重要的。在高技术行业，新产品引入是高科技行业的技术变革和成长的核心，对于企业成功适应环境的变化是必要的（Eisenhardt & Tabrizi，1995），如，创新管理对处于技术变革迅速的高技术企业或依赖无形资源和知识而提供卓越客户体验的服务型企业尤为重要。基于这种权变的观点，大量研究表明，在高度动荡环境下双元的作用更大（Zheng，2010）。在高科技行业，产品和技术淘汰迅速，对于探索型机会的需求度更高，因此，创造新产品和探索新技术成为企业在动荡环境下成功的决定因素（Lichtenthaler，2009）。

以上分析可知，追求技术探索和利用型机会均有益于科技型企业的生存和成长，正如前文所述，考虑到探索和利用之间的悖论，以及新企

业本身的资源、能力及结构特征，在单一技术领域下，高科技新企业需要平衡地追求技术探索和利用型机会，即技术探索和技术利用型机会间的平衡正向影响新企业绩效。因此，我们提出以下假设：

　　H5c：对于高科技企业，追求平衡型技术双元机会积极影响新企业绩效

　　通过对现有研究梳理发现，现有技术创新、创业机会的相关研究或者是未考虑行业背景，或者是以高科技行业中的企业为研究对象，而少有研究探索非高科技行业中的技术创新问题。先前多数研究指出，传统非科技企业的特征是组织结构相对官僚化，更加强调采取效率导向的机械化行为，同时在企业运营过程中更为专注内部管理，对外部环境的感知和应对能力相对较弱（Harpaz & Meshoulam，2004）。但是，这种理论观点对于当前高度不确定和动荡环境下的传统企业来说可能不再适用，随着互联网发展所导致的各个行业的颠覆性变革，非高科技行业的大量企业也面临着转型问题，传统企业的技术创新本质也不断发生变化。因此，越来越多的学者开始关注传统低技术行业的创新和创业问题，面临着行业环境的巨大变化，非高科技行业的企业如何识别和选择恰当的发展机会及其对绩效的影响是企业家需要考虑的核心问题。

　　波里尼（Porrini，2004）对比了高技术和传统低技术行业的价值创造问题，他指出与高科技行业相比，低技术行业——如食品和纺织行业具有不同的发展需要，传统低技术企业在相对稳定的环境下生存和发展，这种环境导致行业中产品寿命周期更长，同时技术变革相对缓慢，因此，这些企业更需要专注于如何优化现有技术和流程以实现运营效率的提升和成本的下降。基纳（2009）也发现，对非高科技行业而言，技术创新活动的重要性并不如在高技术行业中显著，它们更为注重流程创新，即有效利用现有技术。因此，我们提出以下假设：

　　H6a：对于非高科技企业，技术探索和技术利用型机会均积极影响新企业绩效

　　H6b：对于非高科技企业，追求技术利用型机会对新企业绩效的作

用更大

前文已经从理论上阐述了技术探索和利用型机会是影响传统非高科技行业的关键因素，并且有效地利用已有技术尤为重要。但是也有部分学者提出，非高科技行业在有效利用现有技术和知识的同时也需要关注新技术探索问题，随着技术的变革和发展，非高科技行业的商业模式和生产流程受到巨大的冲击，这种技术变革也迫使传统企业加大对新技术领域和知识的探索（薛镭等，2011），例如，通过将其他领域或行业的技术创新成果引入纺织、葡萄酒等传统制造业，这些夕阳产业的企业不仅能够改善现有产品设计、完善和增加产品的功能，同时还能够优化工艺流程和提升生产率。对于非高科技行业，积极探索先进技术、新兴的互联网技术，加大研发的人力和资金投入，从而有效地提高顾客对现有产品的体验性，或者显著地降低产品/服务的生产和提供成本，进而提升企业的绩效（Mendonca，2009）。海登里奇（Heidenreich，2009）也认为"重新组合现有组件以获得新的产品设计"一般被认为是传统的中低技术行业最显著的优势。基于以上分析我们认为，对于传统低技术企业来说，如何最大化利用和开发现有技术是企业应该关注的核心问题，但是在利用现有技术的基础上，企业还需要积极探索新的技术，从而构建持续竞争优势。与假设 H5c 的理论逻辑相似，本书研究认为，在单一技术领域下，传统企业新企业需要平衡地追求技术探索和利用型机会，因此，我们提出以下假设：

H6c：对于非高科技企业，追求平衡型技术双元机会积极影响新企业绩效

二、市场领域中的双元机会识别与新企业绩效

对于高科技和传统非高科技行业的企业而言，如何有效地开发现有顾客需求和探索新的市场、顾客群体都是至关重要的（Heidenreich，2009）。随着我国全球化和市场自由化程度的加深，我国企业的创新活

动正由传统的竞争驱动向顾客导向转变，因此企业必须深入了解顾客的现有和未来需求的变化，并以市场知识为基础来设计和规划创新活动（全允桓等，2009）。在高科技行业，对现有顾客需求的深入调查，有助于企业确定产品创新的定位，由于高科技行业的研发投入成本非常高，并且高科技产品的技术和知识密集程度更高，顾客在接受和使用新产品时面临着很大的障碍，因此企业需要不断与现有顾客进行互动（薛镭等，2011）。同时，随着技术更新速度的加快，企业的顾客、竞争者及合作伙伴等利益相关者的行为不断变化，市场结构多元化和复杂性程度相对较高，企业需要持续关注与新市场领域相关的知识，感知顾客未来的潜在需求（Man & Lau，2005）。相反，传统低技术行业的创新成功大部分取决于市场投入，不仅包括对现有市场加大投入，深入分析当前市场需求的特征，同时与顾客建立持久的稳定联系是传统企业获得生存和发展的关键驱动因素（Grimpe & Sofka，2009）。与 H5c 的理论逻辑相似，在单一市场领域下，高科技型和传统低科技型企业均应该平衡地追求市场探索和市场利用型机会，两者间的不平衡将增加企业失败的风险，当企业追求的市场利用型机会高于市场探索型机会时，尽管企业在短期内能够获得财务成功，并对现有的市场知识和能力形成依赖，但是一旦顾客的需求和市场结构发生较大的变化时，企业难以应对外部环境的变化，尤其是在中国转型环境中，政府政策变动相对比较频繁。相反，当过多地探索新市场而不注重现有知识的使用时，企业难以承担进行探索活动所需的成本（张婧和段艳玲，2010）。因此，我们提出以下假设：

H7：对于高科技和非高科技企业，追求市场探索和市场利用型机会均积极影响新企业绩效

H8：对于高科技和非高科技企业，追求平衡型市场双元机会积极影响新企业绩效

第三节　跨越技术和市场领域的双元
机会识别与新企业绩效

　　根据模型推导所述，当跨越技术和市场领域时，企业能够通过在两个领域交互进行高水平的探索和利用活动。本书研究借鉴安索夫的战略决策矩阵的观点，构建了跨越技术和市场领域的双元机会识别矩阵（见图5-1）。追求激进型机会（第Ⅰ象限）的行为特征是在技术和市场领域都关注探索活动，在新市场中引入新产品，是风险最大的行为，对于这种类型机会的识别和开发，先前积累的专业知识可借鉴性不强。技术开发型机会（第Ⅱ象限）的行为特征是在技术领域追求探索活动，而在市场领域追求利用活动，主要包括引入新的技术，进而在现有市场中推出新产品/服务，或者是采用与先前相类似的营销策略和手段以实现新技术的市场化，提高企业在现有市场中的占有率。市场开发型机会（第Ⅲ象限）的行为特征是在技术领域追求利用活动，在市场领域追求探索活动，主要包括将现有产品推向新的市场，或者是采用全新的营销策略，但是产品/服务的核心技术尚未改变。市场渗透型机会（第Ⅳ象限）

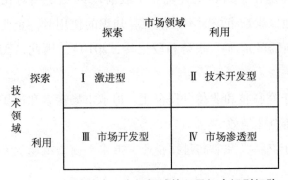

图5-1　跨越技术—市场领域的双元机会识别矩阵

的行为特征是在技术和市场领域都追求利用活动，是创新性最低的机会，主要通过提高产品质量、降低生产成本和促销等方式来为现有市场提供已有产品，说服顾客增加对当前产品的购买量。

在技术和市场领域都强调利用组织现有知识和能力，是创新性最低的机会，这种类型的机会可能会导致渐进式创新（Saemundsson & Dahlstrand，2005）。利用型导向的企业往往关注效率驱动所带来的收益，通过重新整合现有的知识元素以生产在现有市场中具有短期商业价值的产品，或者是通过促销方式来为现有市场提供已有的产品（Rothaermel & Deeds，2004）。焦豪（2011）也指出，利用式活动更加强调对现有的技术和市场知识进行整合和完善，最终提升现有的产品质量、扩展现有的营销技能和提升现有营销渠道的效率，从而为现有市场的顾客提供更为优质的服务。追求利用型机会的企业往往采取自上而下的学习方式，高层管理者试图将各种惯例和行为进行制度化，从而更加有益于精练现有能力，但是这种行为难以适应外部环境的变化（Lubatkin et al.，2006）。在动荡的环境中，过度关注利用活动的企业很可能由于路径依赖和结构刚性而陷入知识/能力陈旧的风险，难以应对外部环境的变化（焦豪，2011）。因此，对于环境动荡性高、技术变革迅速的高科技行业而言，仅仅强调满足现有顾客或市场的需求、改善已有的组织流程、提升现有产品的质量等行为将阻碍企业的生存和发展。

虽然先前大量研究指出，传统非科技型行业的技术密集程度较低，行业环境相对稳定，对已有流程和组织惯例的创新是低技术企业竞争优势的重要来源，意味着成本竞争和规模经济是低技术行业中起着重要的作用（Hirsch‐Kreinsen，2008）。海登里奇（2009）也指出，重新整合现有资源以提升产品或服务提供过程的灵活性、增加生产或服务的提供能力、减少劳动力和原材料的成本等在低技术行业等方面是最有显著优势的。但是，以上观点可能不再适用互联网背景下传统企业所面临的机会识别和战略选择问题。随着互联网的发展和广泛渗透，非高科技行业的竞争规则、营销模式和生产方式都发生了巨大的变化，如，服装制造业正由大批量、刚性缓慢的传统生产方式向多品种、小批量的柔性生产方式转变，同时也迫使大量服装行业开始关注数码技术、高端软件等方面的新知识，同时由于顾客需求端、零售端和生产企业之间的紧密连接，进而导致制造企业也逐渐向在线化和数据化的趋势发展①。以上环境变化将倒逼着传统企业不断探索新的技术和营销方式，否则企业难以生存和获取竞争优势。因此，我们提出以下假设：

H9：对于高科技和非高科技企业，追求市场渗透型机会（技术利用—市场利用）均消极影响新企业绩效

探索新技术和新市场的过程需要不同的组织导向，新市场的探索需要创业者和企业不断加强与顾客、供应商等市场主体的互动和交流，并对市场的发展趋势和顾客需求的变化保持高度敏感性，因此市场探索更加强调关注"人"的文化，而新技术的探索则需要强调技术和效率的文化；此外，开发不同的机会也意味着各个职能部门在企业中所处的地位存在差异，这主要体现在资源的分配方面，一般来讲，在开发技术探索型机会过程中 R&D 部门起着主导作用，而在开发市场探索型机会过程中营销部门则起着主导作用（赵亚普，2012）。但是新企业被普遍认为是具有"弱性"的，新企业本身具有的资金、信息及技术等资源有限，且缺乏足够的声誉和绩效记录来获得客户、供应商及合作伙伴等非正式和正式联系，导致新企业获取外部资源的难度也更大，这些劣势导致新企业面临严重的资源约束（Stinchcombem，2000）。因此，当新企业同时探索新技术和新市场时，组织内容易出现部门间对有限资源的争夺和混乱，甚至出现冲突，这是非常不利于组织部门间、成员间的交流与合作，导致组织资源的浪费，进而消极影响企业绩效。

虽然国内学者吴晓波和陈颖（2014）研究提出，当企业在技术和市场领域均选择进行高程度的探索活动时，可以帮助企业内部形成各种要素之间的一致性，减少探索和利用活动之间的资源争夺和竞争问题，进

---

　　① 资料来源：阿里研究院"互联网＋"研究报告。

而积极促进企业绩效。但是我们认为，这种观点对于我国转型背景下的新创企业未必适用，仅仅考虑探索和利用活动间的内部矛盾属性是不够的，新创企业往往面临着非常严重的资源约束问题，同时追求高水平的技术和市场探索需要消耗大量的资源。赛门松和达尔斯特兰德（2005）也指出，对于新创和小微型企业来说，开发新技术和新市场过程中的不确定性将相互强化，进而不利于企业的生存和发展。相比于在西方制度完善、市场成熟的环境下的新企业而言，中国的新创企业面临着更为严重的资源约束问题（Li & Zhang，2007）。在这种形式下，对于资源严重匮乏的我国新企业而言，难以寻求能够同时追求新技术和新市场所需的资源和能力，企业面临的成长限制也最为显著。因此我们认为，在技术和市场领域同时追求探索型机会不利于新企业绩效，即创新性过高的机会反而不利于新企业绩效，并提出以下假设：

H10：对于高科技和非高科技企业，追求激进型机会（技术探索—市场探索）均消极影响新企业绩效

前文的论述表明，在单一领域下追求组合型双元可能会有损企业绩效，而在技术或市场领域平衡地追求探索和利用型机会是新企业获得生存和发展的重要手段。但是，在跨越技术和市场领域追求组合型双元是可行的，即在技术和市场领域分别追求探索和利用型机会。企业跨越不同领域追求探索和利用型机会间的组合，例如在技术领域追求较高水平的创新而在市场领域则有效利用现有市场和营销手段，既能够帮助企业获得探索和利用活动所带来的互补性益处，同时又能够避免单一领域双元所带来的障碍和劣势，当跨越技术和市场领域同时进行探索和利用活动时，通过将新知识开发和利用现有知识分开，依赖于不同活动领域的情境边界能够缓冲探索和利用之间的矛盾（Stettner & Lavie，2014）。吴晓波和陈颖（2014）也指出，跨越领域的双元能够有效缓解探索和利用活动所导致的组织惯例冲突和资源争夺矛盾，因为跨领域双元中的资源争夺是基于更为宏观的资源总量，而单一领域的资源冲突则是基于资源总量的细分而展开。因此，本书的研究认为，跨越技术和市场领域同时

追求高水平的探索和利用活动积极影响新企业绩效，但是考虑到高科技和非高科技行业特征的差异，跨领域的双元机会组合对这两种类型企业的绩效产生不同的影响。

技术动态性高的行业，如软件、医药等高科技行业，往往鼓励企业开发激进式创新产品和技术以捕获高端细分市场或抢先进入市场，这是一种先动的、积极的方式以定期推动行业中的技术前沿发展的行为。通过开发和引进激进式新产品，新企业能够通过塑造产品设计而影响行业的演进，并建立竞争规则（Porer，1985）。在环境动态性高的科技型行业中，新企业应该不断地在现有市场中引入创新产品，因为任何成功将会很快向竞争对手扩散。研究表明，作为技术追随者的企业可能难以维持高水平的竞争优势，技术追随者有时能够获得必要的知识从而快速提供替代产品，降低了技术开发的成本，但是随着模仿随者进入市场，快速的技术变革往往导致先前的前沿技术逐渐过时（Derbyshire，2014）。佐拉和博格纳（Zahra & Bogner，2000）指出，在动态环境下定期开发和引入新技术有助于企业获得更高的市场份额，尽管这种战略存在风险，但是在动态环境下激进式的技术战略积极有利于新企业的财务绩效和市场份额增长。高技术行业的特征是竞争激烈和技术变革迅速，通过突破式想法而持续挑战现状的能力对企业的成功是至关重要的，高科技行业中的新创企业能够有效地采用探索新技术的行为而与成熟企业竞争，因为顾客愿意为技术先进的产品支付高价（Bierly & Daly，2007）。

有证据表明，对科技型企业来说，与探索新技术相比，当企业开发商业机会以进入新市场时，产品的提前期更长。艾森哈特和肖恩霍文（Eisenhardt & Shoonhoven，1990）发现，与在现有市场相比，半导体企业在新兴市场中成长的难度更大。奥蒂奥和卢姆（Autio & Lumme，1998）也发现，与利用新技术进入现有市场相比，芬兰的新技术企业利用现有技术知识进入新市场时，企业成长绩效更低。钱和李（2003）指出，技术创新战略往往需要与更广泛的市场知名度相匹配才能够成功实施，包括市场对企业、品牌和产品的熟悉度，在进行技术创新时企业需要告知潜在顾客关于新产品的优点，同时说服消费者接受新产品的价值；同时与非高科技行业相比，市场对企业的认知和熟悉度在高技术行业更加重要，因为新技术行业中提供的新产品可能显著不同于现有产品，不能够被潜在顾客所广泛熟悉，在这种情境下，如果对新产品的属性、益处等方面方面缺乏详细的认识，那么顾客将不能够轻易从现有产品转向新产品，这也就表明，对于科技型企业而言，现有市场中对企业的知名度和探索新技术之间进行配合是其生存和成长的重要手段。赛门松和达尔斯特兰德（2005）以科技型企业为研究对象，分析了基于不同知识所识别的机会对新企业成长的影响，他们研究也发现，基于新的市场知识和现有技术知识所识别的机会所面临的成长限制更大，对企业持续成长的促进作用更小；而追求基于新技术知识和现有市场知识所识别的机会时所面临的成长限制更小，进而更容易进一步成长为中型企业。因此，我们提出以下假设：

H11a：对于高科技企业，追求市场开发型机会（技术利用—市场探索）和技术开发型机会（技术探索—市场利用）均积极影响新企业绩效

H11b：对于高科技企业，追求技术开发型机会对新企业绩效的积极影响更大

对于传统低科技型企业而言，他们面临的机会创新程度偏低、行业增长速度较慢、新产品/服务需求较少以及市场结构同质化程度较高等相对稳定的行业环境（Man & Lau，2005），偶尔的开发和推出全新产品可能在技术扩散前产生短期的经济租金，但是随着时间的推移，新技术将逐渐趋于平庸水平。在低技术行业进行竞争更多依赖的是低知识密集型因素，如经济规模、市场份额、分销渠道的扩大和创新（Zahra & Bogner，2000）。比利和戴利（Bierly & Daly，2007）研究发现，在非高科技行业新技术的探索并不必然导致企业绩效的提升，因为顾客可能拒绝或不重视技术进步，而更多受到价格、营销力量的影响。桑希尔（Thornhill，2006）认为，非高科技行业环境相对稳定，企业本身存在的

结构刚性和组织惯性显著高于科技型企业，从而阻碍了企业创新活动和绩效的提升。

詹森等（Jansen et al.，2006）研究也发现，相对稳定的技术环境能够允许企业关注组织内部技术知识，企业的创新活动可能主要通过利用现有技术和知识组合。王燕玲（2011）从专利数量变化角度分析了低技术行业的技术创新特征，研究发现，在低技术制造业中，创造性较低的实用新型专利所占的比重远高于创新性高的发明专利，这进一步证明技术利用在非高科技行业中的重要性。此外，在非高科技行业，与市场的强烈互动是企业提高新产品开发成功的关键因素（薛镭等，2011）。因此，本书研究认为，在低技术行业中积极追求市场开发型机会对企业绩效的作用更显著，包括，以现有的技术知识和能力为基础，持续改进现有产品设计、扩展和拓宽已有的产品线和产品组合，同时积极探索新的细分市场、开发新的营销渠道和手段，进而服务于新兴市场的需求。因此，我们提出以下假设：

H12a：对于非高科技企业，追求市场开发型机会（技术利用—市场探索）和技术开发型机会（技术探索—市场利用）均积极影响新企业绩效

H12b：对于非高科技企业，追求市场开发型机会对新企业绩效的影响更大

第四节　本　章　小　结

本章的目的是分析双元机会识别对新企业的作用，即探索型机会和利用型机会对新企业绩效的影响，同时对比高科技和非高科技企业中双元机会识别对新企业绩效的不同影响。首先，本书研究整合探索—利用和技术—市场分析框架，区别了四种创业机会：技术探索、技术利用、市场探索和市场利用型机会，在此基础上分析新企业在技术和市场领域

如何追求双元机会以实现新企业的创建和成长；其次，考虑到不同行业背景下企业所采取的创新活动是存在差异的，最后，本书研究进一步对比分析不同技术密集型行业背景下（高科技行业和非高科技行业），双元机会识别对新企业绩效的作用差异。

第六章

研 究 设 计

第一节　问卷调查方法

　　问卷调查方法以其灵活性、便捷、快速和便宜等诸多优点，成为管理学、社会学和心理学等相关学科调查研究中最为普遍的数据搜集的方法，并且主要用于定量研究。采用问卷调查法的研究主要逻辑是首先通过理论梳理和实践观察提出概念框架和研究假设，然后借助问卷收集资料和相关样本数据，并进一步进行统计分析以对研究假设进行验证，最后，对数据分析结果进行讨论和解释，并得出相应的研究结论和启示。在问卷调查法中，研究者通过精心的样本框设计，可以从收集的调查问卷中获取大量的基础信息和统计信息，不仅能够验证已有的研究假设和框架，同时基于调查样本的观察和分析能够调整和丰富已有的理论框架。

　　问卷是问卷调查方法中的一种重要中介物，问卷质量的好坏直接影响整个研究的质量和有效性，为了获取高效度和高信度的数据，科学的问卷设计过程在问卷调查法中占据着非常重要的地位。若想通过问卷调查的方式获取高质量、高度有效的数据，那么科学的问卷设计是非常重要的。陈晓萍等（2008）在《组织与管理研究研究的实证方法》中指出，调查问卷设计主要存在两种不同的方式：沿用现有的成熟量表和自行设计量表。沿用现有量表的主要益处是量表的信度和效度较高，现有量表，尤其是在当前研究中占有地位和引用率较高的量表，通常具有较高的信度和效度，即量表被不同的研究者在不同的研究情境和群体中采用过。此外，在现有研究中被反复采用的量表在研究领域中的认可度高，在高水平的国际期刊上发表实证研究论文通常是沿用成熟的、高质量的量表。但是沿用现有量表也存在其局限性，包括文化方面的差异性、时间和语言方面的局限性，这些因素都会影响研究结论的准确性和适用性。

然而，当现有量表不能满足研究的需求，或者研究的目的主要是检验某些源自资方的概念在不同文化背景下的应用性时，这两种情况促使研究者必须根据研究问题和研究情境自行设计量表。在问卷设计过程中需要遵守以下基本规则：

（1）合理性。合理性指的是调查问卷需要与研究主题紧密相关，符合研究的目的和要求，也就是说收集的数据和信息能够满足研究的需要。如果违背这个原则，那么再精美的问卷和缜密的数据收集过程都是无益的。

（2）明确性，避免使用具有双重意义的问题。有时候研究者会不自觉地将两个变量的因果关系表述在同一个问题中，从而使这个问题带有双重意义（陈晓萍等，2008）。

（3）避免使用诱导性问题。无论研究人员自身持有什么样的价值观念和取向，都必须保持客观和中立，在设计量表时应该避免将自身的价值取向和观点带入问题中以求得答卷者的呼应。

（4）便于分析和整理。设计调查问卷时还需要考虑收据收集之后的整理与分析问题，被调查者所提供的回答应该是可量化且可编码的，进而保证实证研究的可行性（李俊，2009）。

第二节　数据收集与样本特征

一、数据收集

本书研究采取问卷调查的方法收集数据，数据的收集时间为 2014 年 11 月～2014 年 12 月，调研的样本取自在吉林、北京和广东三个地区，2014 年最新发布的《全球创业观察中国报告：创业环境与政策》统计数据显示，吉林地区的创业环境质量较差且接近全国最低水平，属于创业活跃度低的区域，地方政府对市场的干预作用较强，市场开放程度非常低，经济发展实力较弱；而北京和广东地区的创新和创业环境处于大幅领先地位，是创业活跃度较高的地区，创业环境良好，初创和中小企业比较集中，经济发展势头迅猛，根据方便抽样的原则，我们选择创业活跃度较低的吉林地区，以及创业活跃度较高的北京和广东地区作为问卷调查的区域。调研人员在三个区域同时展开调研，并采取多种途径获取调查问卷，其中主要的方式是课题组成员通过对调研地区的企业聚集区进行随机抽样调查，调研人员前往被调研企业进行登门拜访，并与被访者进行面对面的沟通和交流，现场填写问卷，这种途径占了问卷搜集的多数份额。

此外，我们依靠课题组成员在吉林、北京和广东地区与企业孵化器、工业园区、开发区等的合作关系，以及借助团队成员的个人关系网络获取新企业的调查问卷。在这个过程中不仅通过现场发放、即时回收的方式，还通过问卷星这一专业的在线问卷调查平台获得调查问卷。为了提高数据信息的有效性，本书研究的被访对象为企业的创业者或高层管理人员，或者是工作年限在 2 年以上并对企业了解较深的中层管理人员。

　　为了保证数据的有效性和可靠性，我们对调研过程进行了周密的组织：第一，创业者经验、双元机会识别、知识共享和新企业绩效等变量的度量量表是参考李和张（Li & Zhang, 2005）、卢巴特金（2006）等研究的基础上修订的，在翻译的过程中由两位精通英语和汉语、熟悉相关领域研究的博士生进行多次互译，使得翻译的量表与原文语义一致；第二，在正式的大规模调研之前，选取 20 家长春的新创企业进行预调研，基于预调研的结果对调查问卷进行修订和完善，例如通过对预调研所收集的数据进行信度分析，我们在进行大样本调查之前能够了解调查问卷能否真正满足研究的需要（张虎和田茂峰，2007），同时在预调研的过程中能够获取与企业有关的信息，从而对新企业的现实运营情况具有初步的了解；第三，调研之前对参加调研的成员进行严格的训练，保证调研人员能够明确调研的过程和目的，同时对调查问卷的内容具有更深刻的理解，减少调研过程中产生歧义的可能性。此外，各个调研小组均由一名具备丰富调研经验的博士生负责，从而能够更有效地实施调研过程以保障数据的有效性和可信度。

　　企业是一个有机的生命体，在整个发展过程中需要经历初创、成长、成熟和衰退等阶段（Miller & Friesen, 1984）。本书的研究对象是新企业，对于新企业的界定和分界点尚未统一，存在 42 个月论（GEM 报告）、5 年论（Pelham, 1999）、8 年论（朱秀梅和李明芳，2011），甚至有学者将 10 年以内的企业视为新企业（Miller & Friesen, 1984）。视 8 年以内的企业为新企业这一观点受到较多学者的认可，因此，本书研究借鉴佐拉（Zahra, 1999）等学者的观点，将成立时间在 8 年以内的企业视为新企业。本次调研在吉林、北京和广东地区总共发放调查问卷 930 份，总共回收调查问卷 450 份。我们剔除 8 年以上的样本；同时根据反向计分题剔除填写较为随意和不认真的问卷，另外，在剔除缺失信息高于 30% 的样本之后，最终获得的有效问卷是 334 份，有效回收率为 35.9%。

二、样本特征

本书研究样本的具体特征见表6-1。被访者的职位特征：被访者多数是高层管理者及以上的人员，约占有效样本的54.5%；行业分布特征方面，高科技型企业样本约占有效样本的41.6%；而非高科技样本的比例稍高，约占58.4%；企业年龄特征方面：样本企业在各年龄段的分布比较均匀，企业成立年限处于1~3年的样本占比41.6%，处于4~6年

表6-1　　　　　　　样本特征描述性统计（N=334）

基本特征	问卷数量	百分比（%）	基本特征	问卷数量	百分比（%）
被访者的职位			员工人数		
董事长	38	11.4	1~20	152	45.5
总经理	78	23.4	21~50	82	24.6
高层管理人员	66	19.7	51~200	59	17.7
中层管理人员	152	45.5	201以上	41	12.2
行业			创业者学历		
高科技行业	139	41.6	专科及以下	108	32.3
非高科技行业	195	58.4	大学本科	162	48.5
企业年龄			硕士	46	13.8
1~3	139	41.6	博士及以上	18	5.4
4~6	102	30.6	创业者的性别		
7~8	93	27.8	男	204	61.1
区域分布			女	130	38.9
吉林	145	43.4	是否具备创业经历		
北京	116	34.7	是	115	34.4
广东	73	21.9	否	219	65.6

的样本占比 30.6%，处于 7~8 年的样本占比 27.8%；企业规模特征方面：公司规模大部分在 50 人以下，约占有效样本的 70.1%；创业者的学历特征方面：创业者的学历多是大学本科，约占有效样本总量的 48.5%，创业者学历是专科及以下的样本约占 32.3%；创业者的性别特征方面：男性创业者占有效样本的 61.1%，而女性创业者占 38.9%；创业者的创业经历特征方面：曾经独立或合作创办过企业的创业者约占 34.4%，未创办过企业的创业者约占 65.6%。总体上看，样本的分布情况比较广泛，具有一定的代表性。

第三节　变量度量

一、创业者经验

职能经验。借鉴李和张（2005）、赫尔曼和达塔（2006）等研究对职能部门的划分方法，在调查问卷中，我们询问了创业者在以下五个职能部门的工作的年限：日常行政管理、工程技术或研发、生产管理、营销或公关、财务或会计。考虑到我们的被访对象并不完全是创业者本人，部分调查问卷由对企业情况非常熟悉的管理者回答，问卷的信息根据其对创业者的了解并结合公司的现实情况填写。当直接询问创业者工作经验的具体年限时，被访者很难填写具体年限，并且开放式问题不利于后期的定量分析，因此借鉴员工数的测量方法，设定相应的区间，1：1~5 年，2：6~10 年，3：11~15 年，4：15 年以上。

如前文的理论所述，本书研究从两个方面来考察职能经验的作用，首先，我们考虑职能经验的类别属性，进一步将"日常行政管理（如人力资源等）、生产管理、财务或会计"概括为内部导向职能经验，而将"工程技术或研发、营销或公关"概括为外部导向职能经验，并按照虚拟变量的设置原则，设置内部导向职能经验和外部导向职能经验两个虚拟变量，如果创业者曾经在上述的内部导向职能部门工作过，则将内部导向职能经验变量赋值为"1"，没有则赋值为"0"；类似地，如果创业者曾经在上述的外部导向职能部门工作过，则将外部导向职能经验赋值为"1"，没有则赋值为"0"。

创业经验。借鉴法姆等（Farme et al.，2011）的测量方法，本书研究通过设置虚拟变量来测量创业经验，当创业者在创业前曾经创办（独自创办或与他人合作）其他公司时，创业经验赋值为"1"，未创办过企业则赋值为"0"。

行业经验（IE）。借鉴德蒂恩和钱德勒（DeTienne & Chandler，2007）的测量方法，我们采用行业经验相似性的量表，这种方式更加能够体现出创业者行业经验的内在属性和特征，量表的修订过程如附录一所示，最终我们确定了4个测量行业经验的题项（具体见表6-2），并采用李克特五点计分法。

表6-2　　　　　　　　　行业经验的最终测量量表

变量	题项（采用李克特五点计分法）
行业经验	IE1 现有企业的顾客与创业前工作经历中应对的顾客的相似程度
	IE2 现有企业的供应商与创业前工作经历中应对的供应商的相似程度
	IE3 现有企业的竞争对手与创业前工作经历中应对的竞争对手的相似程度
	IE4 现有企业的产品与创业前工作经历中接触的产品的相似程度

二、双元机会识别

本书研究主要参考卢巴特金（2006）、羽田和默里（AtuaheneGima & Murray，2007）、吴晓波和陈颖（2014）的研究，从技术和市场两个维度分表描述新企业的探索和利用型机会，并进一步把双元机会划分为技术探索（TER）、市场探索（MER）、技术利用（TEI）和市场利用

（MEI）这四种机会。巴伽瓦拉等（2010）指出，难以直接测量环境中是否存在未被发现的机会，研究者需要通过间接的方式测量机会识别，乌巴萨兰等（2008）也是通过类似的间接方式测量机会发现，询问创业者或高级管理者有关企业活动或行为方面的情况。量表的修订过程如附录一所示，最终测量量表见表6-3。

表6-3　　　　　　　　双元机会识别的最终测量量表

变量		题项（采用李克特五级打分法）
探索型机会识别	技术探索机会	TER1 我们挑战了传统的技术领域
		TER2 开发了和原有技术差别较大的新技术
		TER3 不断推出对于企业来说创新性较高的产品/服务
		TER4 不断探索新的技术
		TER5 对不熟悉的技术领域进行相关信息收集
		TER6 对那些完全新的产品/服务（对我们公司来讲）进行商业推广
	市场探索机会	MER1 积极进入新的细分市场
		MER2 寻找新颖的方式以满足顾客的需求
		MER3 积极寻找并接触新市场中的顾客群体
		MER4 对所在行业中的新竞争者和顾客进行深入的调查
		MER5 开发新的营销和分销渠道，比如微信、淘宝等互联网平台
利用型机会识别	技术利用机会	TEI1 致力于提高企业的运营效率
		TEI2 定期地对产品或服务实施小的改进
		TEI3 致力于提高现有产品/服务的质量
		TEI4 在新产品开发过程中最大可能地利用了现有技术
		TEI5 在新产品研发过程中我们可以很大程度上借鉴以往的技术经验
	市场利用机会	MEI 不断地调查现有顾客的满意度
		MEI2 强调保持现有顾客的满意度
		MEI3 最大化地通过规模效应利用现有市场
		MEI4 对原有的销售渠道进行了改进和调整以降低成本
		MEI5 在市场推广过程中很大程度上借鉴以往的做法和经验

借鉴曹等（Cao et al.，2009）的研究，我们进一步通过对探索和利用的取值构建数学算法以度量双元机会识别，将探索式和利用式相乘以操作度量组合型双元。在相乘之前将变量进行标准化处理，从而减少变量间可能存在的多重共线性（陈晓萍等，2008）。此外，将探索和利用间相减的绝对值来度量平衡型双元，同时为了方便解释，采用5减去两者间差异的绝对值，得分更高的企业表现出更高程度的平衡型双元。

三、知 识 共 享

对于知识共享（KS），本书研究主要借鉴了卢卡和羽田（Luca & Atuahene Gima，2007）对知识共享的测量方法，该文分析的是项目团队在新产品开发过程中，市场知识和知识共享机制对产品创新的影响，反映了项目研发过程中不同职能部门之间、组织成员之间信息交换、解释和共享知识和信息的过程，其中包括正式和非正式的方式。新企业创建过程中的机会开发过程正如新产品开发相似，是一个将机会和商业想法转化为产品的过程。同时周和李（Zhou & Li，2014）在研究高技术企业内部知识共享对激进式创新的影响时也借鉴了卢卡的量表，将研发团队层面知识共享的扩展为组织层面，并对量表的题目进行了简单修订。因此，本书研究整合以上两个研究的量表来度量知识共享，具体修订过程如附录一所示，最终的测量量表见表6-4。

表6-4 知识共享的最终测量量表

变量	题项（采用李克特五级打分法）
知识共享	KS1 组织内部能够自由、公开地分享信息和实践经验
	KS2 企业经常对成功的项目进行分析，总结成功经验
	KS3 定期通过正式报告或备忘录的方式进行总结学习

续表

变量	题项（采用李克特五级打分法）
知识共享	KS4 组织成员之间通过分享和交换信息来解决问题
	KS5 企业经常讨论和反思运营不如意或失败的项目
	KS6 通过分享想法来产生新的想法、新的产品/服务
	KS7 通过茶话会、聊天等非正式渠道与其他成员分享信息
	KS8 与创业任务执行有关的不同观点能够公开、深入地讨论
	KS9 对于需要共同解决的问题和其他组织成员的需求具有清晰的认识
	KS10 在决策制定过程中，每一个组织成员的观点和意见都会被考虑进去
	KS11 创业者经常参与全公司范围的活动，如培训、日常例会等

四、新企业绩效

对于新企业绩效（Pe）的度量，本书研究主要借鉴占和陈（Zhan & Chen，2013）、孟加克和奥赫（2008）、焦豪（2011）等研究对新企业绩效的内涵诠释和测量方法，从短期财务产出和长期竞争优势这两个角度来度量新企业绩效，同时，采用主观的评估方式获取企业绩效相关的信息，最终的测量指标见表 6-5。

表 6-5   **新企业绩效的最终量表**

变量	题项（采用李克特五级打分法）
新企业绩效	Pe1 年销售收入
	Pe2 净销售收入（净收益/总销售额）
	Pe3 投资回报率（投资收益/投资成本）
	Pe4 总资产利润率（净利润/总资产）
	Pe5 销售额增长速度
	Pe6 新员工数量增长速度
	Pe7 市场份额增长速度

续表

变量	题项（采用李克特五级打分法）
新企业绩效	Pe8 对市场的反应速度
	Pe9 公司的整体声誉
	Pe10 客户对产品/服务价值的评价

五、控制变量

处于不同发展阶段和不同规模的企业所具备的资源、能力和组织结构是存在差异的（Cao et al.，2010），这就导致企业所选择的机会类型和绩效表现可能存在差异，因此，本书研究选择企业年龄、规模作为控制变量。采用企业成立年限来测量年龄，企业规模按照员工人数分为六个等级，分别用数字 1～6 表示，1：1～20，2：21～50，3：51～200，4：201～500，5：501～1000，6：1000 以上。

不同区域环境的文化特征也影响着企业的战略选择和发展方向，同时不同区域的政府政策和竞争环境也影响着企业的生存和发展（Bruton et al.，2008），为了排除区域因素的影响，本书研究选择区域作为控制变量，通过引入虚拟变量来度量区域。虚拟变量的个数必须按照以下准则确定：每一定性变量所需的虚拟变量个数需要比该定性变量的类别个数少 1，即如果具有 N 个类别，那么只需要在模型中引入 N－1 个虚拟变量。本书研究的数据取自于吉林、北京和广东三个地区，即区域存在 3 个类别，因此，我们引入 2 个虚拟变量：吉林地区和北京地区，当样本企业来自吉林地区时，"吉林地区"变量赋值为"1"，来自其他地区时赋值为"0"；当样本企业来自北京地区时，"北京地区"变量赋值为"1"，来自其他地区时赋值为"0"。

创业者的受教育水平、年龄和性别也对新企业的机会选择和绩效存在影响，因此本书研究还控制这三方面因素对模型的影响。将创业者的教育水平划分为六大类，并依次赋值，1：初中及以下，2：高中，

3：专科，4：大学本科，5：硕士，6：博士及以上。将创业者年龄划分为4个等级，分别用1～4表示，1：29岁及以下，2：30岁到40岁，3：41岁到50岁，4：51岁及以上。对于创业者性别的度量，我们构建虚拟变量"创业者性别"，当创业者为男性时，"创业者性别"变量赋值为"0"，当创业者为女性时，则赋值为"1"。

第四节 数据同源偏差检验

在进行问卷调查时，如果所有题项均由同一被访者独立填写，所获的数据容易产生同源方法偏差（CMV）问题。同源方法偏差来源于测量方法而不是所测构念造成的偏差，这种偏差会对数据分析结果产生影响，甚至导致研究得出错误的结论。因此，本书研究采用Harman单因子检测方法来检测数据的同源偏差问题，具体的检验方法是将问卷的所有题项进行探索性因子分析，在未旋转时得到第一主成分是27.7%，即第一个主成分因子只解释了27.7%的变异，因此判断本书研究的数据同源偏差并不严重（Podsakoff & Organ，1986）。

第五节 效度和信度检验

一、效度检验

效度（亦称有效性），是指测量工具能够反映所需考察内容的接近程度，若测量结果与试图测量的内容越吻合，则测量工具的效度越高，反之则效度越低（陈晓萍等，2008）。对于调查问卷，效度是指问卷在多大程度上能够反映所测变量的理论概念和内涵，调查问卷效度检验的常用方法是因子分析，这种统计方法的目的是考察相同概念下的测量问题是否如理论设想那样集中于同一个公共因子，其中因子载荷反映了测量问题对构念的贡献程度，因子载荷值越大则说明其与构念的关系越密切（曾五一和黄炳艺，2005）。本书研究采用 SPSS 16.0 检验问卷的效度，表 6 - 6 的结果表明，各个题项的因子载荷系数绝大部分都超过0.7，说明本书研究具有较高的效度。

二、信度检验

信度是指问卷调查所得结果具备的一致性或稳定性程度，反映的是被测特征的真实程度指标，而非测量量表本身的特征，在问卷调查法中有着非常广泛的应用（张虎和田茂峰，2007）。其中一致性是指同一问卷调查数据结果的一致性程度，较高的一致性则意味着同一被访群体在进行有关同一调查项目的各种问卷调查时，所得到的测量结果间存在强烈的正相关关系；而稳定性是指在不同时期，对相同的被访者进行重复测量所得到数据结果的相关程度，如果同一群被访者在不同的时间接受了同样的调查，数据结果的差异性非常小，说明该调查问卷具备较高的稳定性（曾五一和黄炳艺，2005）。最常用的信度检验方法是检验内部一致性系数（α 系数），本书研究采用 SPSS 16.0 检验调查问卷的信度，在数据处理过程中检验了各个变量的 α 系数及题项被剔除后的 α 系数，具体结果见表 6 - 7。

表 6 - 7 显示，各个变量的 α 系数均在 0.8 以上，并且，除了市场探索型机会的第 5 个题项之外，其他变量的各个题项被剔除后的 α 系数均低于题项被剔除前的 α 系数，综合以上分析可以看出，本研究所采用的量表具备良好的信度。

表 6 – 6　　　　　　　　各变量描述统计与因子载荷系数

题项	描述性统计		因子载荷	题项	描述性统计		因子载荷
	均值	标准差			均值	标准差	
技术探索型机会				行业经验			
TER1	3.12	1.22	0.73	IE1	3.09	1.35	0.85
TER2	3.07	1.18	0.75	IE2	3.01	1.29	0.87
TER3	3.42	1.11	0.81	IE3	2.94	1.28	0.87
TER4	3.38	1.19	0.80	IE4	3.16	1.29	0.86
TER5	3.54	1.11	0.72	知识共享			
TER6	3.51	1.17	0.73	KS1	3.74	1.09	0.75
市场探索型机会				KS2	3.80	1.09	0.79
MER1	3.57	1.11	0.78	KS3	3.67	1.12	0.76
MER2	3.82	1.05	0.83	KS4	3.79	1.09	0.80
MER3	3.87	0.99	0.85	KS5	3.70	1.11	0.76
MER4	3.65	0.96	0.76	KS6	3.54	1.12	0.78
MER5	3.50	1.25	0.61	KS7	3.46	1.16	0.76
技术利用型机会				KS8	3.55	1.09	0.78
TEI1	3.99	0.90	0.75	KS9	3.61	1.03	0.82
TEI2	3.79	1.01	0.81	KS10	3.44	1.17	0.71
TEI3	3.95	0.99	0.85	KS11	3.76	1.11	0.69
TEI4	3.74	1.11	0.82	新企业绩效			
TEI5	3.84	1.05	0.81	Pe1	3.22	0.89	0.70
市场利用型机会				Pe2	3.09	0.92	0.79
MEI1	3.74	1.15	0.79	Pe3	3.13	1.02	0.80
MEI2	3.95	1.06	0.81	Pe4	3.17	0.97	0.78
MEI3	3.70	1.08	0.79	Pe5	3.23	0.97	0.79
MEI4	3.71	1.06	0.80	Pe6	3.01	1.05	0.68
MEI5	3.78	1.06	0.75	Pe7	3.20	1.02	0.74
				Pe8	3.45	0.97	0.72
				Pe9	3.72	0.91	0.66
				Pe10	3.73	0.97	0.63

表 6 – 7 各变量的信度检验

变量及题项	题项被删除后的 α 值	α 系数	变量及题项	题项被删除后的 α 值	α 系数
技术探索型机会			行业经验		
TER1	0.83		IE1	0.86	
TER2	0.83		IE2	0.85	0.89
TER3	0.82		IE3	0.85	
TER4	0.82	0.85	IE4	0.86	
TER5	0.83		知识共享		
TER6	0.83		KS1	0.91	
市场探索型机会			KS2	0.92	
MER1	0.78		KS3	0.92	
MER2	0.76		KS4	0.91	
MER3	0.75	0.82	KS5	0.92	
MER4	0.78		KS6	0.92	0.93
MER5	0.84		KS7	0.92	
技术利用型机会			KS8	0.92	
TEI1	0.86		KS9	0.91	
TEI2	0.84		KS10	0.92	
TEI3	0.83	0.87	KS11	0.92	
TEI4	0.84		新企业绩效		
TEI5	0.84		Pe1	0.89	
市场利用型机会			Pe2	0.89	
MEI1	0.81		Pe3	0.89	
MEI2	0.81		Pe4	0.89	
MEI3	0.81	0.85	Pe5	0.89	
MEI4	0.80		Pe6	0.90	0.90
MEI5	0.83		Pe7	0.89	
			Pe8	0.89	
			Pe9	0.89	
			Pe10	0.89	

第六节 本章小结

本章针对研究的模型进行了科学的实证研究设计,包括数据的收集、调查问卷设计、变量测量、同源偏差检验及信度、效度检验等方面。首先,我们简单梳理了研究方法相关的理论,如问卷设计的原则、注意事项等;其次,针对数据收集的区域选择、预调研过程、企业的基本信息等方面进行了详细的论述和设计,并对最终收集的有效数据特征进行分析和讨论;最后,对数据进行了同源偏差、信度和效度检验,从而保证研究的有效性,数据分析结果显示,创业者经验、双元机会识别、知识共享和新企业绩效的测量问卷具备良好的信度和效度,同时同源偏差也在可接受范围内,符合后续进行相关分析、回归分析等方面的数据要求。

第七章

实证分析与结果讨论

本书研究在进行实证分析前对调查问卷的信度和效度进行了分析和检验，数据分析结果显示本调查问卷具有良好的信度和效度，符合进一步分析的要求。接下来，本书研究借用 SPSS 16.0 对数据进行实证分析和检验，包括描述性统计、相关分析和多元线性回归分析等，进而实现本书研究的目的。

第一节 描述性统计与相关分析

在进行多元线性回归分析前，本书研究对所涉及的主要变量进行描述性统计和相关分析，数据分析结果见表7－1，各变量的平均值和方差都在合理的范围之内，此外，相关分析结果表明，创业经验、职能经验和行业经验与探索、利用型机会存在显著的相关关系，这初步表明创业者经验对双元机会识别具有显著的影响；并且技术探索、技术利用、市场探索、市场利用型机会识别与新企业绩效间存在显著的相关关系，这初步表明双元机会识别对新企业绩效具有显著的影响。

表 7 - 1　描述性统计分析与相关系数矩阵

变量	1	2	3	4	5	6	7	8	9	10
1 创业经验	—									
2 内部导向职能	0.02	—								
3 外部导向职能	0.05	-0.24**	—							
4 行业经验	-0.04	0.06	0.14*	—						
5 技术探索型机会	0.05	0.05	-0.02	0.24**	—					
6 技术利用型机会	-0.01	0.05	0.02	0.16**	0.50**	—				
7 市场探索型机会	0.03	0.02	-0.07	0.11	0.38**	0.56**	—			
8 市场利用型机会	0.03	0.03	0.09	0.16**	0.39**	0.57**	0.53**	—		
9 知识共享	0.02	-0.06	-0.07	0.17**	0.47**	0.60***	0.55**	0.59**	—	
10 新企业绩效	0.06	-0.01	-0.06	0.25**	0.33**	0.33***	0.29**	0.32**	0.35**	—
平均值	0.26	0.59	0.70	3.05	3.33	3.85	3.69	3.76	3.61	3.29
标准方差	0.44	0.49	0.46	1.12	0.88	0.81	0.83	0.85	0.83	0.70

注：$***p < 0.01$，$**p < 0.05$，$*p < 0.1$。

为了排除变量间可能存在的多重共线性，本书研究检验了各个变量的方差膨胀因子（VIF），克林鲍姆等（Kleinbaum et al.，1998）指出当各变量的 VIF 值小于 5 时，变量间不存在明显的多重共线性，数据分析结果显示各个变量的 VIF 值小于 3，因此可以排除本书研究变量间多重共线性的可能。

第二节　实证分析

在对各变量进行相关分析的基础上，并考虑企业年龄、规模、所有制、区域、创业者年龄和受教育程度作为控制变量，我们构建多元线性回归模型进行回归分析。在检验知识共享的调节和双元机会识别的作用时，同时，借鉴陈晓萍等（2008）的数据处理方法，为了减小回归分析方程中变量间多重共线性的问题，在构建乘积项之前，对自变量和调节变量进行标准化处理。分析结果显示，回归模型中所有变量的方差膨胀因子均在 3 以内，这表明本书研究的多重共线性并不严重。

一、创业者经验与双元机会识别

创业者经验与探索型机会识别间关系的实证分析。见表 7－2 的模型 1，检验了各控制变量对探索型机会识别的影响，是本书研究的基础模型，数据分析结果显示，企业年龄、规模和创业者的受教育程度对探索型机会识别的回归系数显著。在模型 1 的基础上加入创业者的不同经验，用于考察创业者经验对探索型机会识别的影响。结果显示，创业经验对探索型机会识别的回归系数为 0.12（$P < 0.1$），因此，H1a$_1$ 得到了验证，而 H1a$_2$ 未得到数据支持；外部导向职能经验对探索型机会识别的回归系数为 0.11（$P < 0.1$），因此，H2c 得到验证；行业经验对探索型机会识别的回归系数为 0.22（$P < 0.01$），因此，H3a 得到验证；内

部导向职能经验对探索型机会识别的回归系数是 -0.02（$P < 0.1$），因此 H2a 得到验证。

表7-2　　创业者经验对探索型机会识别影响的回归分析结果

解释变量	被解释变量：探索型机会识别			
	模型1	模型2	模型3	模型4
企业年龄	-0.01	-0.06	-0.11*	-0.09*
企业规模	0.08	0.08	0.09*	0.11*
吉林地区	0.01	0.03	0.03	0.02
北京地区	0.03	0.04	0.05	0.05
受教育程度	0.09	0.08	0.05	0.05
创业者年龄	0.03	0.02	-0.01	-0.04
创业者性别	0.13**	0.16**	0.10*	0.07
创业经验		0.12*	0.08	0.09*
内部导向职能经验		-0.02*	0.06	0.08
外部导向职能经验		0.11*	0.12**	0.13**
行业经验		0.22***	0.13**	0.11*
知识共享			0.53***	0.52***
创业经验*知识共享				-0.08
内部导向职能经验*知识共享				0.09*
外部导向职能经验*知识共享				0.16***
行业经验*知识共享				-0.01
R^2	0.04	0.12	0.37	0.41
调整 R^2	0.01	0.08	0.34	0.37
F 值	1.32	2.91***	11.97***	10.28***

注：***p<0.01，**p<0.05，*p<0.1。

创业者经验与利用型机会识别间关系的实证分析。表 7 – 3 中的模型 5 检验了各控制变量对利用型机会识别的影响，数据分析结果显示，企业规模和创业者年龄对利用型机会识别的影响显著为正。在模型 5 的基础上加入创业者的不同经验，用于考察创业者经验对利用型机会识别的影响。结果显示，外部导向职能经验对利用型机会识别的回归系数为 – 0.11（P < 0.1），因此，H2d 得到验证；内部导向职能经验对利用型机会识别的回归系数为 – 0.02（P > 0.1），因此 H2b 未得到验证；行业经验对利用型机会识别的回归系数是 0.12（P < 0.1），因此 H3b 得到支持；而创业经验对利用型机会识别的回归系数为 0.10（P < 0.1），因此，H1b 得到支持。

知识共享在创业者经验与探索型机会识别间调节效应的检验。在模型 2 的基础上分别加入调节变量知识共享及其与创业经验、职能经验、行业经验间的交互项，构建模型 3 和模型 4，数据结果如表 7 – 2 所示。结果显示，内部导向职能经验与知识共享的交互项、外部导向职能经验与知识共享的交互项对探索型机会识别的回归系数分别是 0.09（P < 0.1）和 0.16（P < 0.01），因此，知识共享调节内部导向、外部导向职能经验与探索型机会识别间的关系，而对创业经验和行业经验的调节作用并不显著。

知识共享在创业者经验与利用型机会识别间调节效应的检验。在模型 6 的基础上分别加入知识共享及其与创业者经验的交互项，构建模型 7 和模型 8，数据结果见表 7 – 3。结果显示，创业经验与知识共享的交互项、外部导向职能经验与知识共享的交互项对利用型机会识别的回归系数分别为 0.09（P < 0.05）和 0.13（P < 0.01），因此，知识共享积极调节创业经验、外部导向职能经验与利用型机会识别间的关系，而对内部导向职能经验和行业经验的调节作用并不显著。由以上分析可知，H4 得到部分支持。

表 7 - 3　　　　创业者经验对利用型机会识别影响的回归分析结果

解释变量	被解释变量：利用型机会识别			
	模型 5	模型 6	模型 7	模型 8
企业年龄	0.03	0.01	- 0.02	- 0.02
企业规模	0.15 **	0.15 **	0.11 **	0.11 **
吉林地区	0.03	0.05	- 0.02	- 0.03
北京地区	- 0.08	- 0.08	- 0.10 *	- 0.09 *
受教育程度	0.01	0.00	- 0.04	- 0.04
创业者年龄	0.15 **	0.13 **	0.08	0.09 *
创业者性别	0.12 *	0.11 *	0.04	0.02
创业经验		0.10 *	0.01	0.03
内部导向职能经验		- 0.02	0.05 *	0.07
外部导向职能经验		- 0.11 *	- 0.01	- 0.05
行业经验		0.12 *	0.04	0.03
知识共享			0.67 ***	0.64 ***
创业经验 * 知识共享				0.09 **
内部导向职能经验 * 知识共享				- 0.01
外部导向职能经验 * 知识共享				0.13 ***
行业经验 * 知识共享				0.01
R^2	0.07	0.10	0.51	0.54
调整 R^2	0.05	0.06	0.49	0.51
F 值	2.76 ***	2.55 ***	22.16 ***	18.03 ***

注：*** p < 0.01，** p < 0.05，* p < 0.1。

二、双元机会识别与新企业绩效

考虑到机会识别与新企业绩效间的关系受到行业环境的影响，本书研究将样本划分为高科技行业和非高科技行业这两个子样本分别进行回归分析，数据检验结果见表 7 - 4、表 7 - 5 和表 7 - 6，同时，我们借鉴先前研究的方法，通过对比模型中的标准化回归系数来对比不同的自变量对因变量作用大小的差异。

1. 技术领域的双元机会识别与新企业绩效间关系的实证分析

表 7-4 中的模型 9 至模型 11 用于检验高科技行业样本的技术双元机会与新企业绩效间的关系。模型 10 的结果显示，在高科技行业，单独追求技术探索和利用型机会均对绩效的影响显著为正，并且技术探索型机会对绩效的影响系数为 0.30（P < 0.01），高于利用型机会的影响系数 0.23（P < 0.05），因此，H5a 和 H5b 均得到验证。模型 11 显示平衡型技术双元机会对绩效的回归系数为 0.28（P < 0.05），即高科技新企业平衡地追求技术探索和利用型机会时绩效表现更好，H5c 得到验证。

模型 13 显示，在非高科技行业，技术探索型机会和利用型机会对绩效的影响均显著为正，并且技术探索机会对绩效的影响系数为 0.36（P < 0.01），高于技术利用型机会的影响系数为 0.220（P < 0.01），与 H6b 相反，因此，H6a 得到数据验证，H6b 未得到数据验证。模型 14 数据显示，平衡型技术双元机会对新企业绩效的回归系数为 0.23（P < 0.05），即非高科技新企业平衡地追求技术探索和利用型机会时绩效表现更好，因此，H6c 得到支持。

表 7-4　技术领域的双元机会识别与新企业绩效间关系的回归分析结果

解释变量	被解释变量：新企业绩效					
	高科技行业			非高科技行业		
	模型 9	模型 10	模型 11	模型 12	模型 13	模型 14
企业年龄	0.05	0.05	0.03	0.23 ***	0.22 ***	0.23 ***
企业规模	0.09	−0.02	−0.03	−0.01	−0.07	−0.08
吉林地区	0.23	0.19	0.19	−0.10	−0.05	−0.06
北京地区	0.06	0.05	0.03	−0.08	0.02	0.04

解释变量	被解释变量：新企业绩效					
	高科技行业			非高科技行业		
	模型 9	模型 10	模型 11	模型 12	模型 13	模型 14
受教育程度	0.11	0.11	0.10	0.09	−0.02	0.03
创业者年龄	0.13	0.04	0.05	0.01	−0.01	−0.03
创业者性别	−0.03	0.01	0.01	0.09	0.03	0.03
技术探索型机会		0.30 ***	0.10		0.36 ***	0.16
技术利用型机会		0.23 **	0.35 **		0.22 ***	0.38 ***
平衡型技术双元			0.28 **			0.23 **
R^2	0.08	0.25	0.29	0.08	0.32	0.34
调整 R^2	0.03	0.17	0.20	0.04	0.28	0.29
F – value	0.98	3.03 ***	3.25 ***	2.01 *	8.17 ***	8.12 ***

注：*** $p < 0.01$，** $p < 0.05$，* $p < 0.1$。

2. 市场领域的双元机会识别与新企业绩效间关系的实证分析

表 7 – 5 中的模型 16 显示，单独追求市场探索和利用型机会均对企业绩效的影响显著为正，并且市场探索型机会对绩效的影响系数为 0.30（$P < 0.01$），高于市场利用型机会的影响系数 0.18（$P < 0.1$）。模型 17 显示，平衡型双元机会对企业绩效的影响并不显著。表 7 – 5 中的模型 18 ~ 20 用于检验非高科技行业的市场双元与企业绩效间的关系。模型 19 显示，在非高科技行业，单独追求市场探索和利用型机会对企业绩效的影响均显著为正，市场探索型机会对绩效的影响系数为 0.33（$P < 0.01$），高于市场利用型机会的回归系数 0.16（$P < 0.1$），因此 H7 得到验证。模型 20 显示，平衡型市场双元机会对企业绩效的回归系数为 0.13（$P < 0.1$），因此 H8 部分得到验证。

表7-5   市场领域的双元机会识别与新企业绩效间关系的回归分析结果

解释变量	被解释变量：新企业绩效					
	高科技行业			非高科技行业		
	模型15	模型16	模型17	模型18	模型19	模型20
企业年龄	-0.01	0.03	0.05	0.13	0.14 *	0.15 **
企业规模	0.23 **	0.14	0.13	0.12	0.11	0.11
吉林地区	0.26 **	0.25 *	0.19	-0.03	0.01	0.02
北京地区	0.12	0.03	0.01	-0.07	0.01	0.02
受教育程度	0.03	0.17	0.17 **	0.01	-0.03	-0.03
创业者年龄	0.15	0.08	0.13	0.02	0.01	-0.01
创业者性别	-0.12	-0.07	-0.01	0.18 **	0.14 *	0.13 *
市场探索型机会		0.30 ***	0.34 ***		0.33 ***	0.29 ***
市场利用型机会		0.18 *	0.20 **		0.16 *	0.18 *
平衡型市场双元			-0.04			0.13 *
R^2	0.12	0.25	0.32	0.08	0.26	0.28
调整 R^2	0.05	0.18	0.26	0.04	0.22	0.23
F-value	1.82	3.54 ***	5.56 ***	1.81	5.90 ***	5.68 ***

注：*** $p<0.01$，** $p<0.05$，* $p<0.1$。

3. 跨越技术和市场领域的双元机会识别与新企业绩效间关系的实证分析

表7-6中的模型23结果显示，对于高科技企业而言，追求创新性较低的市场渗透型机会（技术利用—市场利用）对绩效存在显著的消极影响（$\beta = -0.35$，$P<0.05$），激进型创新机会的作用不显著（$\beta = -0.17$，$P>0.1$）。追求市场开发型（技术利用—市场探索）和技术开发型（技术探索—市场利用）机会则积极促进高科技新企业绩效的提升（$\beta = 0.23$，$P<0.1$；$\beta = 0.38$，$P<0.01$），并且追求技术开发型机会的作用系数更大，H11a和H11b得到验证。然而，非高科技行业的分析结果与理论假设存在一定的分歧，模型26用于检验非高科技行业跨领域

双元机会识别与绩效间的关系，数据结果显示，追求市场渗透型机会的企业绩效表现更差（β = −0.18，P < 0.05），而激进式创新机会对绩效的消极作用并不显著（β = −0.12，P > 0.1），综上，H9 得到验证，H10 未得到验证。追求市场开发型和技术开发型机会则积极促进非高科技行业企业绩效的提升（β = 0.09，P < 0.1；β = 0.27，P < 0.1），因此H12a 得到验证，但是与理论假设相反，数据结果显示，开发技术开发型机会的作用系数更大，因此，H12b 未得到验证。

表7 −6　技术—市场领域的双元机会组合与新企业绩效间关系的回归分析

解释变量	被解释变量：新企业绩效					
	高科技行业			非高科技行业		
	模型 21	模型 22	模型 23	模型 24	模型 25	模型 26
企业年龄	0.15	0.15	0.16 *	0.09	0.14 *	0.12
企业规模	0.15	−0.01	−0.03	0.08	−0.012	0.01
吉林地区	0.11	0.11	0.12	−0.11	−0.08	−0.05
北京地区	−0.04	−0.03	−0.05	−0.06	0.01	0.04
受教育程度	0.06	0.10	0.14	0.01	−0.01	−0.02
创业者年龄	−0.01	−0.03	−0.02	0.02	−0.02	−0.02
创业者性别	−0.04	0.00	−0.02	0.03	−0.01	−0.04
技术探索机会（TER）		0.15 *	−0.01		0.25 ***	0.18 *
技术利用机会（TEI）		−0.01	0.09		0.22 *	0.25 **
市场探索机会（MER）		0.09	0.13		−0.04	−0.04
市场利用机会（MEI）		0.39 *	0.31		0.08	0.11
TEI * MER			0.23 *			0.09 *
TER * MEI			0.38 ***			0.27 *
TEI * MEI			−0.35 **			−0.18 *

续表

解释变量	被解释变量：新企业绩效					
	高科技行业			非高科技行业		
	模型21	模型22	模型23	模型24	模型25	模型26
TER * MER			− 0.17			− 0.12
R²	0.064	0.29	0.36	0.03	0.21	0.23
调整 R²	0.025	0.19	0.25	0.02	0.14	0.14
F − value	0.92	3.26 ***	3.19 ***	0.65	3.09 ***	2.53 ***

注： *** p < 0.01， ** p < 0.05， * p < 0.1。

第三节　研究结果分析与讨论

本书研究的核心内容在于探讨两个主要问题。其一是探索创业者先前经验如何促进新企业双元性的构建，重点剖析不同类型的经验如何影响识别探索和利用型机会。其二是分析双元机会识别对新企业的作用，即探索型和利用型机会对新企业绩效的影响。现有研究中有关探索和利用对新企业的作用大小和方向尚未得出一致结论，本书研究认为新企业可能在技术和市场领域之间交互实施探索和利用行为，并且在不同的行业背景下，新企业的技术和市场方面的活动是存在差异的，因此本书研究深入分析了不同行业背景下双元机会识别对新企业绩效的不同影响。随后，本书研究通过问卷调查和相关统计分析方法对所提出的 12 个主假设进行分析和检验，数据支持了研究提出的大部分假设，本部分将结合数据检验结果，对假设检验的结果进行深入的讨论。

一、创业者经验对双元机会识别的影响分析

　对于新企业而言，创业者的个人特质、经验以及创业过程中基于学

习所获取和积累的知识是新企业竞争优势的重要来源。基于先前经验的学习所创造的独特知识对创业者的机会识别和战略选择具有重要的影响，进而影响新企业的绩效（Politis，2005）。越来越多的学者强调利用先前经验的差异以解释创业者在识别和利用机会能力方面的差异，经验学习是以先前经验为基础的连续过程，通过经验学习能够促使创业者积累丰富的人力和社会资本，并显著提升创业者解决新问题的认知能力（Ucbasaran et al.，2009）。对创业、行业及管理等经验的学习和反思能够为创业者带来独特的知识，有助于其应对新企业创建过程中面临的各种困难，进而积极推动新企业的生存和不断发展。在转化经验的过程中，创业者通过亲身实践和体验，能够非常准确地看清市场发展的趋势和顾客需求，这些知识和信息的获取能够帮助创业者制定出更为符合市场竞争态势和组织自身资源基础的战略决策，从而为企业带来更大的成长空间。

先前经验通过促进创业能力的构建和提升从而对新企业绩效产生积极影响，是新企业生存和构建持续竞争优势的重要决定因素，尤其是对机会识别能力的作用更加强烈，这也就在一定程度上解释了当代为什么大学生创业失败率更高的原因（蔡莉等，2014）。基于先前经验的学习往往会产生路径依赖，特定领域的经验能够将创业者的注意力引导至该领域，有利于创业者对竞争环境中机会直觉能力的提升，促使其能够更有效地识别和评估行业中的机会，进而甄别出适合企业长远发展的商业机会（Clarysse et al.，2013）。波利蒂斯（2005）也发现，对创业、行业和管经验的反思和学习，创业者可以构建和积累相关的商业技能、产品可得性、良好的社会网络和与竞争资源等相关的隐性知识，这些隐性知识的获取和转化能够帮助创业者更好地识别商业机会，促进机会识别能力的提升和企业竞争优势的提高。本书研究提出，创业者的经验是影响新企业双元机会识别的重要因素，并且不同类型的经验对机会识别的作用是存在差异的，随后的数据检验结果也验证了这一观点。

（1）创业经验对双元机会识别的影响。数据结果显示，创业经验积极促进企业追求探索型机会。首先，序贯创业者构建了能够有效编码和选择关键信息、抽象和搜索相关信息的认知框架。通过创业所积累的有关顾客问题、市场服务方式等方面的知识和信息造就了创业者的"知识走廊"，促使他们比新手创业者具备更高的创业警觉性，接收到更多的与创业机会有关的信息。此外，反复创业者对创业机会的前提要素和创新点比较清楚，他们倾向于主动搜索该领域内的信息并且能衡量信息获取过程中的得失，而新手创业者具备的信息量较少，一些有价值的信息也会因为他们的不敏感而流失（Zhang，2011）。以上这种更高的创业警觉和主动搜索能够促使创业者能够发现创新性更强、回报更大的创业机会，进而有利于提升新企业的绩效；其次，追求探索型机会往往需要大量的资源投入，而创业者先前的创业经历所积累的关系网络能够为支持探索型机会的开发提供必要的资源保障。序贯创业者往往与顾客、员工、供应商和投资者等主体构建了丰富的关系网络（Delmar & Shane，2006），社会网络是经济活动中的重要润滑剂，最初缺乏与利益相关者的联系阻碍了新企业的发展，在很多重要的利益相关者看来，创业经验是新企业合法性的重要来源，因此，具备创业经验的个体在后续的创业过程中获取资源的能力更强。最后，序贯创业者不仅积累了财务、社会资源，同时也获得了对自身能力的自信（Ucbasaran et al.，2008），进而导致其追求创新性较高、风险较大的创业机会。

（2）职能经验对双元机会识别的影响。创业者的外部导向和内部导向职能经验导致新企业追求不同类型的创业机会，数据结果显示，内部导向职能经验消极影响企业追求探索型机会，外部导向职能经验积极影响企业追求探索型机会，而消极影响企业追求利用型机会，即创业者具备营销、研发等外部导向职能经验时，企业更倾向于选择探索型机会，而更不愿意追求利用型机会。虽然，理论分析发现，当创业者具备财务/会计、生产管理等内部导向职能经验时，企业更倾向于追求利用型机会，但是这个观点并未得到数据的验证。在创办企业时，创业者已经具备特定的职能经验和背景，在解决特定的创业问题时，他们往往会借鉴先前经历和所从事领域的行为和目标来处理新的创业问题（Hambrick & Mason，1984）。作为一种重要的人口背景特征，职能经验对创业者的认知具有重要的影响，先前研究多是将职能经验看作是单维度变量，拘泥于分析创业者或企业家在特定职能部门工作经验的有无或多寡所发挥的作用，然而，即便在特定职能部门工作经验的存量相似，由于来源于不同的岗位和部门，创业者也可能具备异质性较强的知识结构和认知逻辑，进而导致其创业行为存在差异，因此，创业者应该权衡地使用职能经验，有效地利用先前在不同职能部门所构建的知识和能力优势，而非仅仅依靠先前经验存量的优势来识别和选择适用于新企业生存和发展的商业机会（杨俊等，2014）。

（3）行业经验对双元机会识别的影响。本书的分析结果显示，行业经验对探索和利用型机会均存在积极影响。在创业阶段，行业经验积极促进其识别和发现不同类型的机会，从而实现企业的持续发展，这也就能够部分解释"外行莫入"这一经典词语的内在原因。通过案例观察发现，创业者更倾向于在自身熟悉的领域创办新企业。因为不同的行业具备不同的环境特征、行业惯例和规范，这就导致创业者进入不熟悉的行业时往往面临着巨大的竞争劣势，甚至较早就创业失败。第一，行业经验有利于提升创业者解释新信息及将新信息应用于新产品或服务中的能力，行业经验丰富的创业者往往具有更多的收入来源以创办新企业，这就导致他们更愿意开发高潜在收益和高风险的创新性机会（Kotha & George，2012），进而促进企业追去探索型机会。同时，追求探索型机会需要大量的资源投入，具备行业经验的创业者积累了大量的人脉关系和网络，在资源获取方面存在显著的优势，进而有利于探索型机会的开发。

第二，创业者在类似行业背景的经验会降低创业者的无知性，创业者的行业工作经历还能够获得与产品价格、成本结构、竞争态势等方面的知识和信息（Colombo & Grilli，2005），当创业者熟悉和掌握以上市场相关的信息时，将有助于新企业寻找到实施低成本战略的生产要素，进而有效地利用组织的现有资源和能力以获得创业产出。此外，具备特定行业经验的创业者对组织现有资源的价值以及如何实现资源价值的最大化具有更深刻的理解，进而促使新企业在开发利用型机会的过程中存在更明显的优势。

二、知识共享的调节效应分析

本书研究还发现，创业者经验对双元机会识别的影响因组织内知识共享表现的不同而存在差异，知识共享积极调节内部导向职能经验、外部导向职能经验与探索型机会识别间的关系，强化外部导向职能经验对探索型机会识别的正向作用，弱化内部导向职能经验对探索型机会识别的消极作用；此外，知识共享积极调节创业经验、外部导向职能经验与利用型机会识别间的关系，即强化创业经验对利用型机会识别的积极作用，弱化外部导向职能经验对利用型机会识别的消极作用。这个发现增加了对创业者经验如何影响机会识别的理论边界的探讨，有助于启发未来研究如何探讨创业者经验的问题，如在什么环境背景下，通过什么路径而作用于机会识别。在竞争日益加剧的互联网环境背景下，知识共享是新企业获得生产和持续竞争优势的重要因素，组织内的知识共享过程为不同的个体成员、部门之间提供了链接的渠道，促使组织成员能够根据新的问题和任务而进行组合和转变，在这个过程中组织其他成员的知识和思想往往能够帮助创业者和高管团队创造新的知识，并由此促进其识别不同类型的创业机会（李纲和刘益，2007）。并且开放和自由的交流能够激发组织成员的创造性思维，有助于组织成员将不同知识和能力加以整合从而提出创造性方案，进而加强新企业开发机会的执行力（陈琛，2014）。

团队成员也往往是组织资源的提供者，是新企业开发商业机会所需资源的重要来源之一。创业者自身具备的经验和能力对新企业机会识别和开发固然是至关重要的，但是，与其他团队成员之间知识和信息的交换将积极有益于创业者自身能力在战略决策过程中发挥作用，知识共享促使管理者能够有效地从先前经验中学习，并通过机会开发过程而有效地利用这些知识。若缺乏有效的信息交换和整合时，创业者与团队其他成员之间的信息不对称会使双方感知到目标错位，也会导致成员无法理解机会选择决策背后的理性原因，并且不情愿将资源投入新机会的开发，难以形成协调一致的行动，进而导致企业在机会识别和开发过程中的效率更低（Lim et al.，2013）。

三、双元机会识别对新企业绩效的影响分析

中国政府仍然垄断性地掌握着战略要素资源以及大量审批和配置资源的权力，在资本密集行业，资金通常被国有银行或国有企业所垄断，新企业更加难以通过正式的市场渠道获取资金，如银行信贷、风险投资等（Bruton et al.，2008）。《2013 年全球创业观察中国报告》显示，我国创业环境在资源供给方面呈现出严重的紧缺现状，在资金方面，目前我国创业金融体系还很难对新创企业提供有效的资金支持，非正式投资仍然占绝对的主导地位，创业投资和 IPO 还未成为重要的金融来源；在人力资源方面，现阶段我国创业教育方面存在明显不足，缺乏具备创造力的创业型人才；此外该报告还显示新创企业在获取技术等资源方面也不够便捷，获取成本和难度均较高。以上分析可知，我国的新企业面临着严重的资源约束问题。面对资源的有限性和转型环境的高度动荡和复杂性，新企业需要平衡地选择探索型和利用型机会，从而实现长期和短期的均衡发展。

先前研究局限于分析如何通过特定手段实现探索和利用之间的平衡，企业可能在技术和市场领域之间交互实施探索和利用活动。通过在一个领域下实施开发探索型机会而在另一领域中追求利用型机会，也就是跨领域的平衡，既能够帮助企业获取探索和利用活动所带来的互补性益处，同时能够避免部分双元所导致的障碍，从而在提升企业生产效率

的同时保证其灵活性。斯泰特纳和拉维（Stettner & Lavie，2014）、吴晓波和陈颖（2014）研究指出，在单一领域下探索和利用间的组合并不必然导致新企业绩效的提升，甚至阻碍了新企业的发展，因为探索和利用会导致组织惯例的冲突。但是，曹等（Cao et al.，2009）指出，对于新创或中小企业而言，平衡地追求探索和利用活动更加重要。然而跨领域的组合型双元能够避免单一领域下的双元所带来的劣势，当跨域技术和市场领域追求探索和利用时，通过将新知识开发和现有知识的利用分开，依赖于不同领域内部的行为惯例、组织和情境边界能够缓冲探索和利用活动之间的矛盾。但是，这些研究的缺陷是并没有考虑行业环境的影响，高科技和非高科技行业的企业在技术和市场方面的活动特征是存在显著差异的（Heidenreich，2009），因此，本书研究认为这两种不同技术密集行业的企业在跨领域地追求双元机会的方式及其对新企业绩效的影响可能存在差异，最终的数据部分支持了上述观点。

（1）在技术领域的双元机会识别方面，对于高科技企业和传统企业而言，单独追求技术探索和市场利用型机会均有益于绩效的提升，平衡地追求技术探索和利用型机会时绩效表现更好。本书研究认为，可以从中国转型环境特征角度来解释这个现象，中国的新企业面临着严重的资源约束问题，尤其缺乏进行激进式创新的技术性人才（Li et al.，2013），在技术领域同时进行探索和利用活动时往往导致资源的争夺和管理的冲突，从而促使技术双元的不利作用超过其互补性（吴晓波和陈颖，2014）。

但是，随着技术变革速度的加快，企业持续探索新技术是应对动荡环境的重要方式，同时高效地利用现有技术和能力能够保证企业的短期生存。因此，无论是高科技企业还是传统企业，在技术探索和利用型机会之间均衡地分配资源对于我国新企业的生存和发展是非常必要的。同时我们的数据分析发现了与理论假设相反的结果，对于传统企业而言，技术探索型机会对绩效的作用更大。先前的观点认为，传统企业应该更加重视组织流程的创新，最大化地利用和改善已有的技术（Bierly et al.，2009）。但是这种观点在互联网快速发展的时代可能不适用，随着互联网嵌入经济活动中的各个领域，传统低技术企业也面临着严峻的技术变革问题，并且顾客需求更加多样化和个性化，这些现实因素驱动着传统企业不断探索新的技术，如将新兴的互联网技术引入生产流程、搜索新的原材料、研发全新的专用设备等，从而增加产品/服务中的技术含量。

（2）在市场领域的双元机会识别方面，单独追求市场探索和市场利用型机会有益于新企业绩效的提升，追求平衡型市场双元性会对高科技型企业绩效的影响并不显著，但是却积极有益于非高科技企业绩效的提升。对于我国高科技企业而言，大量的资金、人力和物质等资源用于开发新产品和新技术，因而在追求市场双元的过程中面临的资源压力更大，因此，如何根据自身的资源和所处环境的状况制定市场战略是我国高科技企业值得深思的问题。相反，对于传统的非高科技企业而言，如何同时有效地利用现有顾客需求和探索新的市场、顾客群体是至关重要的。随着我国市场进一步向全球开放和自由化，我国企业的创新活动正逐渐由传统的竞争驱动向顾客导向转变，在这种市场环境下企业尝试深入了解顾客的现有和潜在需求变化，并以此为基础来设计和管理自身的产品开发活动（全允桓等，2009）。尤其是随着互联网技术的发展和普及，企业的营销手段和商业模式发生了翻天覆地的变化，在互联网时代，传统的企业被电子商务浪潮裹挟着前进，电子商务的快速发展也倒逼着传统企业营销模式的变革。

（3）在技术和市场领域的双元机会识别方面。数据分析结果显示，对于高科技企业而言，追求创新性较低的市场渗透机会（技术利用—市场利用型机会）消极影响新企业绩效，开发激进式创新的机会对绩效的作用则不显著；开发渐进式的市场开发和技术开发机会则积极有益于新企业绩效的提升，其中开发技术开发机会的作用系数更大，与理论观点相一致，这也进一步证明技术创新在高科技企业中的重要作用。对于传统企业而言，追求创新性较低和激进式创新机会的企业绩效表现更差，而开发渐进式的市场开发和技术开发机会积极促进新企业绩效的提升，但是与理论假设相反，数据结果显示，同时开发技术开发机会的作用系数更大，与高科技企业的情况相似，即对新技术的探索也成为传统企业构建竞争优势的关键手段。

我国正处于经济转型阶段，国际化程度不断加深，市场中竞争者、顾客和供应商等市场主体的行为不断变化，我们需要注意的问题是，由于行业环境和企业资源情况等方面存在差异，各个企业所追求的机会类型及其对绩效的影响是存在差异的。由于我国的新创企业普遍面临着严重的资源约束困境，因此追求创新性过高的商业机会反而不利于企业绩效的提升。并且，由于技术的不断变革和发展，尤其是随着互联网技术的普及和发展，不仅导致高科技行业的产品和技术淘汰更迅速，同时也倒逼着传统非高科技企业的技术变革，因此，在创业过程中开发创新性过低的机会，即仅仅关注现有技术和市场，往往导致企业绩效表现更差，甚至遭受失败。

对于高科技和传统非高科技企业而言，追求渐进型机会是其提升绩效和构建持续竞争优势的可行手段，例如，在技术方面不断加大研发投入（资金、人力等），积极地探索新的产品和技术，同时在市场方面有效利用现有营销手段，并最大化开发现有顾客需求，通过技术的改进而为现有顾客提供差异化的产品，并在此过程中为技术探索积累更多的资源，这种方式不仅能够帮助企业追求双元机会，而且能够绕开探索—利用活动对稀缺资源的争夺和惯例冲突。此外，追求技术开发机会对高科技企业的作用系数更大。高科技行业以技术迅速变化为标志，其主要特征是技术知识高度密集，高科技行业的竞争更多以技术创新为基础（薛镭等，2011），但是新企业具备的资源是非常有限的，这些迫使新企业在市场探索方面难以投入更多资源，而是通过有效利用和改善现有市场，从而既能够维持企业的生存，又能够实现长远发展。出乎意料的是，在非高科技行业追求技术开发机会的作用也更大，这也就意味着，技术创新对于传统企业的作用越来越显著，尤其是互联网的发展和普及，这不断倒逼着传统制造企业在生产技术方面的变革。

第四节 对创业者/企业家的实践启示

第一，创业者需要有效利用自身的经验，并绕开经验陷阱，从而识别和开发适合企业长期发展的商业机会。新企业普遍面临新生劣势，受其自身知识和技能的束缚，对外部环境的变化和市场竞争缺乏足够的应对能力，创业者基于先前工作、创业等经验的学习是迅速弥补这些劣势的有效手段，经验丰富的创业者掌握了有价值的与市场、产品和资源等相关的知识，因而强化了其发现创业机会的能力（Clarysse et al.，2013）。因此，创业者需要积极亲身实践并反复试错，将先前积累的经验逐步转化为创业知识，并应用于创业实践，从而更好地熟悉创业过程中的各个环节，而且更为重要的是，创业者不仅要通过总结成功的经验而进行学习，还必须从失败中吸取教训（Cope，2005）。

在创业过程中，创业者往往将先前职业经历中积累的知识和技能应用于创业活动中，通过对这些知识进行创造性加工和处理，为企业提供了异质性的机会识别和开发策略，从而塑造新企业的持续竞争优势（杨俊等，2011）。但是，在识别探索和利用型机会以构建组织双元性的过程中，新企业不仅需要善于利用创业者先前职业经历（包括工作经验、创业经验、行业经验和职能经验等）所积累的知识和能力优势，同时在进行机会选择决策时，创业者应该理性地评估先前经验特征能否与不同的机会开发过程相匹配，因为创业者的知识和能力与创业机会之间的匹配水平对创业成败具有重要的影响（Shane，2000）；同时采取应对措施以绕开自身的劣势，比如说，当创业者具备研发、营销等外部导向职能经验时，新企业可以考虑在技术研发方面投入更多的资源，选择创新性更高的创业行为，而具备内部导向职能经验的个体则相反，如何最大化地改善现有组织流程、产品质量和营销渠道等则对新企业更加重要。

　　然而，先前经验也并非是万试万灵的，数据分析也发现，创业者的不同经验将导致其选择不同类型的机会，但是有些经验对探索和利用型机会识别的作用并不是显著的，因此创业者需要认真决策，谨慎地借鉴先验知识，根据自身的资源和能力选择合适的商业机会。创业者在转化经验以创造知识的过程中也容易存在学习理论中所强调的"盲目学习"，但是当创业者从先前经验的推论是错误，或者经验化的知识不适用于新情境时，基于先前经验所制定的决策并不是必然导致企业绩效的提升，甚至限制新企业的成长（Delmar & Shane，2006）。

　　第二，创业者应该构建自由、民主和开放的企业文化以提升组织内的知识共享行为，从而强化创业者经验对新企业的作用。企业文化中的团结与和睦交往是影响知识共享的重要因素，组织成员间和谐交往能够降低知识交换成本，并增加知识交换与整合的数量和效率；同时组织成员之间的信任也能够进一步促进成员间和部门间充分自由地交流，进而促使企业内部知识共享的最大化（朱洪军和徐玖平，2008）。知识共享过程能够加强具备不同职能背景个体之间的联系，这些个体之间的知识流动能够加强不相关知识之间的整合，进而强化了创业者对探索型机会的影响；此外，随着创业者及其他组织成员所释放知识的数量和质量的增加，进而提升企业利用已有知识以改进现有产品/服务的动机和能力（Atuahene Gima，2005）。有效的知识共享文化能够替代企业内部知识流动所需的正式化、层级化的组织结构（Chang & Hughes，2012）。因而，企业应该鼓励成员之间自由地进行知识交流和整合，进而提升企业识别和开发探索和利用型机会的能力。

　　此外，在新企业创建和发展过程中，创业者还应该将战略决策和运营管理方面的权利分散，允许其他高管成员和员工参与到组织的关键战略决策中，而不是创业者主导。虽然创业者在决策制定过程中起着核心作用，但是创业者自身具备的知识和能力也是非常有限的，权力分散能显著提升创业者决策制定的全面性，在集权、创业者处于主导位置的团队中，其他团队成员参与信息交流、解释和评估过程的动机和积极性更低，也包括对那些来源于创业者先前经历中积累的知识进行评估。相反，在权力相对分散的企业中，其他成员更加积极地评估和利用来源于创业者的经验性知识，随着组织内部权利的分散，团队其他成员在决策制定过程中具备更大的话语权，那么组织其他成员更加愿意采用并处理创业者所分享的信息，同时愿意分享与创业者经验存在互补的知识和信息（Cao et al.，2010）。

　　第三，创业者还需要借鉴其他方式来提升自身的机会识别能力。创业者不能够仅仅依靠已有的经验和思维方式，还需要不断听取外部成员的意见。更强的外部信息搜索能够扩宽创业者对外部环境变化的认识，提升经验的利用效率，促使其识别创新性更高的机会，帮助创业者绕开经验学习陷阱（Ucbasaran et al.，2008）。社会关系中的亲戚、朋友及同事等成员不仅是创业者获取创业所需关键资源的来源，同时还能够帮助创业者认识自身的优势和不足。古语云"当局者迷，旁观者清"，社会关系成员作为旁观者能够帮助创业者走出过度自信的心理困境，而与商业伙伴、顾客及竞争对手积极地沟通和交流能够帮助创业者了解市场趋势及竞争者的行为，明晰企业面临的优势和劣势，进而选择合适的发展机会（蔡莉等，2014）。此外，反思其他创业者或企业的成功和失败行为，将他人的经验转化为自身的知识，并灵活地运用到创业实践中，这也是弥补经验学习弱性的重要途径，例如通过学习同区域其他企业和地方政府打交道的经验能够帮助新企业顺利得到地方政府的合法性认同，同时通过学习同行业企业营销经验能够帮助企业迅速了解顾客的需求、竞争对手及供应商等竞争压力的分布状态（殷华方等，2011），通过这种外部知识和信息的获取过程能够弥补创业者自身经验的内在缺陷，并与自身的知识形成互补，从更加能够识别更多创业机会。

　　第四，新企业必须根据组织资源优势和特定的行业环境选择适当的商业机会，构建不同的双元机会组合。由于组织资源和能力的有限性，新企业在特定的时间点难以追求各种类型的商业机会，如果盲目地追求双元机会并不一定能够促进企业绩效的提升，反而会因为开发探索和利用型机会过程中更高的组织张力和复杂性组织协调方面的挑战而有损企业绩效（刘新梅等，2013）。前文的数据分析显示，在高科技行业和非高科技行业背景下，企业在技术和市场领域进行的探索和利用活动对新企业绩效存在不同的影响，因此，在新企业创建和发展的过程中，创业者应该根据行业环境的特征，在技术和市场领域中对探索和利用活动进行平衡是非常必要的，要在市场上维持竞争优势，新企业必须根据自身的资源优势和所处的行业环境进行更为细致的机会选择决策，对资源和能力投入的重点领域进行选择和取舍。

对于高科技企业而言，单独追求技术探索和技术利用型机会积极影响新企业绩效，技术探索型机会的影响更大，并且技术领域的平衡型双元能够有效地提升新企业绩效。这也就表明，高科技企业在资源约束情境下，创业者可以通过管理并权衡技术探索和技术利用型机会，这也就意味着高水平的（低水平的）利用式行为需要匹配低水平的（高水平的）探索式行为以提高企业绩效。此外，在市场方面，市场探索和市场利用型机会均对科技型企业存在积极影响，并且市场探索的作用略高，但是平衡型市场双元机会对企业绩效的作用并不显著。这可能与高科技企业自身的特征相关，科技型企业中多数管理者具备较深的技术背景，但是在企业运营和市场管理方面存在很大的缺陷，尤其是我国新企业的创业团队在互补性方面较弱，这也就导致科技型企业可能难以管理在追求市场探索和利用型机会过程中面临的组织矛盾和张力。数据结果显示，非高科技企业在市场领域追求双元机会积极影响绩效，因此在运营过程中需要强化顾客导向，非高科技企业应该建立高效的与顾客和市场进行交互的流程和文化，不仅需要实现现有客户的需求，同时应该挖掘潜在的市场需求。

数据结果还显示，对于高科技和非高科技行业的企业来说，追求市场开发和技术开发机会均积极影响绩效，并且追求技术开发这一跨领域的双元机会时企业绩效表现更好。我们从这一结果得到的启示是，高科技企业对新技术的关注和探索是无可厚非的，但是非高科技企业的数据分析结果与理论假设相反，这也表明非高科技企业在关注市场战略的同时，更应该重视技术创新，在现有产品和流程中加入更多与企业当前技术轨迹差距较大的新技术，从而应对外部环境的竞争压力，因为传统企业在应对当前市场状况的过程中也会面临一定的困难，顾客需求变化、技术变革和竞争者行为转变等也需要企业不断引入新产品，而不是仅仅依靠在现有技术基础上的更新和改进（Mendonca，2009）。如，对于传统出版行业而言，按照传统的营销模式来讲企业面临着非常高的印刷和发行成本，但是移动互联网的兴起促使电子书在市场中蜂拥出现，未来电子书的发行成本非常低，面对这种境地，传统出版业若不转变商业模式将很难赶上时代的末班车，但这是这并不意味着完全放弃纸质书的出版，而需要有效整合传统的发行模式和新兴的互联网模式，针对经典著作和教科书方面仍然可以通过纸质的方式印刷和发行，同时采取互联网出版途径，通过全新的互联网手段发行电子书籍。

第五节　本 章 小 结

本章的主要内容是借助 SPSS 16.0 软件，采用多元线性回归统计方法检验研究所提出的理论假设。数据检验结果显示，创业、职能和行业经验是创业者知识和技能的关键来源，对于探索型和利用型机会存在不同的影响，同时知识共享在创业经验、内部导向职能经验与探索型机会间及行业经验与利用型机会间起着积极的调节作用。同时，对于高科技和非高科行业的企业而言，新企业在技术和市场领域追求不同的双元机会组合，并且对绩效的影响存在差异。

第八章

结论与展望

第一节 研究的结论

本书研究在借鉴知识管理理论、经验学习理论、组织双元理论和创业学习理论等的研究基础上，构建了创业者经验、双元机会识别与新企业绩效间关系的概念模型，深入解释不同类型的创业者经验（创业经验、职能经验和行业经验）对双元机会识别的影响差异，以及知识共享在两者间所起的调节作用；同时整合探索—利用和技术—市场框架，分析不同技术密集型行业背景下，双元机会识别对新企业绩效的作用差异。

随后，本书研究采用问卷调查方式获取验证理论模型所需的数据，在吉林、北京和广东三个地区进行实地调研，最终获得334份有效问卷，并采用因子分析、多元线性回归等科学的统计方法检验本书研究提出的理论假设，最终本书研究所提出的假设大部分得到了数据的支持。数据结果显示，创业、职能和行业经验是创业者知识和技能的关键来源，对于探索型和利用型机会存在不同的影响，同时知识共享在内部导向职能经验、外部导向职能经验与探索型机会识别间及创业经验、外部导向职能经验与利用型机会识别间起着积极的调节作用。

在技术领域的双元机会识别与绩效间关系方面，对于高科技和非高科技行业而言，单独追求技术探索和利用型机会均对绩效的影响显著为正，并且技术探索型机会对绩效的影响更大，此外，平衡地追求技术探索和利用型机会时绩效表现更好。在市场领域方面，对于高科技和非高科技行业而言，单独追求市场探索和市场利用型机会均积极影响绩效，并且市场探索型机会的影响效果更大，此外，平衡型市场双元机会对高科技新企业绩效的影响并不显著，但是积极影响非高科技企业绩效。在跨越技术和市场领域的方面，对于高科技和非高科技行业而言，追求创新性较低的市场渗透型机会（技术利用—市场利用）消极影响绩效，激进式创新机会对高科技和非高科技新企业绩效的作用则不显著。此外，追求市场开发型（技术利用—市场探索）和技术开发型（技术探索—市场利用）机会积极有益于绩效的提升，其中技术开发型机会的作用更大。

第二节　研究的创新性

本书研究立足于当前创业领域和组织管理领域关注的焦点问题——组织双元性，现有绝大多数双元性研究，无论是概念性还是实证研究，均是以大型、多事业单位的企业为研究对象，只有少数学者关注了新创或中小企业的双元性问题，对新企业的双元性问题缺乏足够的解释。因此，本书研究基于当前理论研究存在的缺陷，将双元性的思想和概念与创业机会识别相结合，从双元机会识别视角，试图剖析新企业的组织双元性问题，并以中国转型经济背景下的新企业研究对象，不仅揭示了不同类型的创业者经验对双元机会识别的影响，知识共享在两者间所起的调节作用；同时整合探索—利用和技术—市场分析框架，更加细致地分析新企业如何在技术和市场领域平衡地选择探索和利用型机会，并进一步对比分析高科技行业与传统非高科技行业企业实现组织双元性过程中存在的差异。本书研究有助于弥补现有组织双元性、新企业创业行为及创业者经验相关研究的不足，具有较高的创新性，具体表现为以下三个方面：

（1）基于现有组织双元理论研究存在的不足，本书研究试图探索中国转型经济背景下的新企业双元性构建过程中的影响因素，分析不同类型创业者经验（创业经验、职能经验和行业经验）对新企业双元机会识别的影响。

组织双元性是学者们关注的焦点问题，但是现有研究主要关注了资源丰富、组织结构复杂的成熟企业的双元性问题，而对新企业所面临的双元性问题的探讨显著不足，将现有研究理论直接应用于新企业可能是错误的、不恰当的。众所周知，与成熟企业相比，新企业拥有的辅助性资产（人力、财务和技术等资源）非常有限，同时缺乏成型的内部流程和结构，因此新企业在管理和协调探索与利用活动间矛盾和张力的过程中面临着更大的挑战，这种挑战在我国新企业更为显著。

大型或成熟企业能够通过组织结构设计，建立不同的事业部，部分部门关注探索型机会，而部分部门侧重追求利用型机会（March，1991）。但是，新企业在双元性构建过程中的影响因素则截然不同，由于缺乏相应的资源优势、层级化的管理系统，新企业难以构建不同部门以实现探索和利用活动的分离，并且高层管理者在战略制定和实施过程中发挥着关键的作用，能够直接感知追求双元导向所需的知识和能力需求。因此，新企业必须依赖创业者和高管团队的知识和能力以管理和协调实现组织双元性过程中的各种矛盾（Lubatkin et al.，2006）。先前研究更多强调高管团队特征对双元性的影响，但是对于新创企业而言，创业者对组织双元性的影响更加显著，创业者在战略选择和日常运营方面均发挥着核心作用，能够直接感知到追求组织双元性过程中所需的知识需求，同时，创业者更加了解企业所具备的资源和能力，非常清楚企业利用现有资源的方式和时间点，这些都能够帮助管理者发现、评价新机会（Lubatkin et al.，2006），这正是现有研究所忽略的。在新企业创建和发展过程中，创业者的知识和能力是避免组织过度关注探索或利用的关键因素（Cao et al.，2010），创业者的这种能力往往归因于其积累的丰富经验，先前经验是创业者特定领域知识和能力的重要来源（Shane，2000），基于此，本书研究以新企业为研究对象，探索创业者的不同经验对双元机会识别的影响差异，弥补现有组织双元理论研究存在的不足。

（2）创业是一个非线性、非惯例化和复杂的动态过程，在面对新的创业问题时仅仅依靠先前经验可能会陷入经验学习陷阱，考虑到"经验陷阱"问题，本书研究进一步探讨组织内部知识共享在不同类型创业者经验与双元机会识别之间所起的调节作用。

我国转型情境下市场逐步开放，创业者经验影响了其在面对复杂创业问题过程中的应对方式，创业者不仅负责新企业战略的制定，同时还参与战略的实施过程，是影响新企业竞争优势的重要因素（Oe & Mitsuhashi，2013）。但是，创业机会之间存在巨大的差异，创业过程中的学习并不是机械化的，这导致先前积累的知识和经验难以有效转化以适用于新的创业情境，创业者经验对新企业机会识别和绩效的影响可能存在特定的经验陷阱。并且，从经验中学习的效率还受创业者情绪和认知偏见的影响，有效的经验学习需要个体真实地评估自身在先前事件中的表现，并且愿意转化先前经验，如果个体不能够没有偏差地评估先前经验、先前创业活动所处的情境和外部环境的变化，那么他们从先前经验中学习的能力将受到很大的限制（Cassar，2012）。经验丰富的创业者构建了独特的认知框架，这种认知框架促使创业者能够对相关的信息进行高效的选择和编码，但是先前积累的惯例和网络所带来的有限信息也会导致创业者的认知弱性，阻碍了创业者感知新想法和尝试创造性行为模式的动机和能力（Sarasvathy et al.，2013）。

因此，本书研究试图探索组织知识共享在创业者经验与双元机会识 *171*

别之间的调节作用。企业内部的知识共享能够为个体知识、部门知识提供交流和整合的渠道和桥梁，使得现有知识基础能够根据新的目的和创业任务而进行新的组合，此时，来自某个组织成员或团队的观点和想法往往能够帮助其他个体或团队创造新的知识，并由此促进企业的产品和技术创新（李纲和刘益，2007）。这为我国新企业关于如何强化创业者经验在机会识别过程中的积极效应和绕开经验学习陷阱提供了一定的现实启示意义。

（3）结合中国转型环境特征，构建双元机会识别对新企业绩效的影响模型，系统整合技术—市场和探索—利用分析框架，区分了四种类型的创业机会识别：技术探索型、技术利用型、市场探索型和市场利用型机会识别；并结合不同行业环境的特征，探索在高科技和非高科技行业背景下，技术和市场领域的不同双元机会识别模式对新企业绩效的影响差异。

前文的理论梳理可知，目前组织双元性对绩效的影响尚未得出一致的结论，新企业双元性问题亦如此。先前研究发现，新创企业可能采用与成熟企业存在差异的方式以构建组织双元性（Cao et al.，2009）。组织的资源和能力基础是影响双元性作用的重要因素，对于具备丰富资源的成熟企业来说，同时追求探索和利用行为的过程面临的资源需求冲突较少。众所周知，新创企业与大型成熟企业在可用资源（人力、财务资本等）方面是存在差异的，并且新企业具备有限的管理技能从而有效地管理内外部环境的变化；此外，新企业的组织结构官僚层级更低，缺乏正式的系统和计划性活动，导致其在管理探索和利用型机会之间的矛盾和张力方面存在着更大的困难和挑战（Ebben & Johnson，2005）。由以上分析可知，对于资源有限的新企业而言，不应该过分强调同时追求高水平的探索和利用型机会，而应该根据自身的资源、能力及所处的行业环境进行战略选择。此外，对于新企业而言，在识别和开发新机会的过程中涉及企业的各个职能领域，并且不同职能领域的活动是有所侧重的，因此，在识别新机会时不能简单地认为是探索或是利用活动，而需要在特定的职能领域对探索和利用活动进行区分和界定（许晖等，2014）。

因此，本书研究试图分析新企业在技术和市场领域追求不同模式的双元机会识别（平衡型和组合型）对绩效的影响，以及在高技术和非高科技行业背景下，不同类型的双元机会识别模式对绩效的不同作用。同时，本书研究还基于吉林、北京和广东三个地区的334份有效问卷对所提出的假设进行检验，数据结果支持了本书研究提出的大部分理论假设，有助于指导面临严重资源约束的新企业如何根据行业环境有效地识别商业机会以适应外部环境，有效地解决了新生劣势带来的探索和利用的选择悖论，从而获得持续竞争优势。

第三节　研究局限及未来展望

本书研究试图从机会识别角度分析新企业的组织双元性问题，探讨了不同类型创业者经验、双元机会识别与新企业绩效间的关系，以及知识共享在不同类型创业者经验与双元机会识别之间的调节作用，丰富了组织双元理论的研究，具有较大的理论创新和实践启示意义。但是，本书研究也存在以下研究局限，有待于后续更深入的研究和探讨。

第一，虽然本书研究提出的多数理论假设得到了数据的支持，但是由于资源有限，本书研究只选取了吉林、北京和广东这三个地区的企业进行调研，《全球创业观察中国报告：创业环境与政策》最新统计数据显示，武汉、南京和西安等是创业环境一般的城市，但是本书研究并没有将这些城市的新创企业纳入分析样本，这就导致本书研究结论的普适性受到限制。因此未来应该扩大研究样本的范围，尝试进行分地区间的对比研究，甚至进行跨国对比分析，进行更为广泛的研究，以拓宽理论的适用范围。

第二，进一步细化高管团队其他成员的经验和能力方面的特征，并分析其在模型中所起的作用。本书研究主要考察了创业者经验所产生的影响。但是，我国目前正处于转型经济时期，创业活动面临着高度不确定的外部环境，在创业者识别机会的过程中往往也会面临着个人知识基础带来的缺陷，高管团成员的知识和能力对于弥补这一缺陷是至关重要的（陈传明和孙俊华，2008）。虽然研究模型中探讨了知识共享的影响，但是有关创业者与其他高管团队成员的内在知识交流和分享的原理和过程关注不足，例如创业者与高管团队成员的共享经验（先前是否在同一企业或职能部门工作过）、共享任期（共同在当前企业工作的时间长短）、高管团队异质性（年龄、专业背景、受教育程度等）等方面的因素均可能影响创业者经验发挥的过程，同时对新企业的组织双元性的构建也可能存在不同的影响，这是未来应该深入关注的研究问题。

第三，本书研究通过截面数据静态地探索了创业者经验、双元机会识别与新企业绩效间的关系，没有考虑到时间维度，研究结论难以揭示创业者经验、双元机会识别与绩效间的动态关系。寿命周期理论指出，不同阶段组织特征的演变导致企业在结构、面临的主导问题、战略目标等方面均存在显著的差异，在早期创建阶段，企业的"新"和"小"的劣势表现尤为突出，他们具备的资源基础是非常有限的，随着企业进入早期成长阶段，产品或服务适销对路，规模和销售收入增大，企业的战略重点从创建期的短期生存转向长期发展，经营目标则更多地侧重于如何扩大企业的市场份额与价值创造能力（Miller & Friesen，1984），因此，在企业的不同发展阶段，创业者经验对新企业机会识别是否存在不同的影响？企业所追求的双元机会组合及其对绩效的作用是否存在差异？如何通过案例跟踪方法探索创业者经验、双元机会识别与新企业绩效间的动态关系？这是未来值得深入研究的问题。

附 录

调 查 问 卷

受国家自然科学基金委的支持，本问卷针对创业者背景、企业知识、机会开发、战略导向以及新企业绩效等情况进行调查。感谢您能抽出宝贵时间填写问卷。本问卷完全用于科学研究，并有助于增进管理研究领域的知识，非常希望您能填写问卷的全部问题。本问卷可能看起来比较多，但是填写全部问卷，不会超过 20 分钟的时间。我们郑重承诺，将会对所有调研数据保密。如果您对调研的结果感兴趣，请留下您的联系方式和名片。研究完成后，我们将结果发送给您。

联系人： E - mail：

如果您不是贵公司的创业者，某些信息请根据您对创业者的了解并结合本公司的情况填写，请判断以下陈述与企业实际情况的符合程度（1 ~ 5）

（1）创业经验

创业前是否曾经创办（独自创办或与他人合作）其他公司　□否
　　　　　　　　　　　　　　　　　　　　　　　　　　□是

（2）职能经验

创业之前，创业者在以下职能部门的工作情况：

a 财务

b 生产管理

c 工程技术或研发

d 销售、营销或公关

e 日常行政管理（例如人力资源等）

（3）行业经验

a 现有企业的顾客与创业前工作经历中应对的顾客的相似程度

b 现有企业的供应商与创业前工作经历中应对的供应商的相似程度

c 现有企业的竞争对手与创业前工作经历中应对的竞争对手的相似程度

d 现有企业的产品与创业前工作经历中接触的产品的相似程度

（4）技术探索机会识别

a 我们挑战了传统的技术领域

b 开发了和原有技术差别较大的新技术

c 不断推出对于企业来说创新性较高的产品/服务

d 不断探索新的技术

e 对不熟悉的技术领域进行相关信息收集

f 对那些完全新的产品/服务（对我们公司来讲）进行商业推广

（5）市场探索机会识别

a 积极进入新的细分市场

b 寻找新颖的方式以满足顾客的需求

c 积极寻找并接触新市场中的顾客群体

d 对所在行业中的新竞争者和顾客进行深入的调查

e 开发新的营销和分销渠道，比如微信、淘宝等互联网平台

（6）技术利用机会识别

a 致力于提高企业的运营效率

b 定期地对产品或服务实施小的改进

c 致力于提高现有产品/服务的质量

d 在新产品开发过程中最大可能地利用了现有技术

e 在新产品研发过程中我们可以很大程度上借鉴以往的技术经验

（7）市场利用机会识别

a 不断地调查现有顾客的满意度

b 强调保持现有顾客的满意度

c 最大化地通过规模效应利用现有市场

d 对原有的销售渠道进行了改进和调整以降低成本

e 在市场推广过程中很大程度上借鉴以往的做法和经验

（8）知识共享

a 组织内部能够自由、公开地分享信息和实践经验

b 企业经常对成功的项目进行分析，总结成功经验

c 定期通过正式报告或备忘录的方式进行总结学习

d 组织成员之间通过分享和交换信息来解决问题

e 企业经常讨论和反思运营不如意或失败的项目

f 通过分享想法来产生新的想法、新的产品/服务

g 通过茶话会、聊天等非正式渠道与其他成员分享信息

h 与创业任务执行有关的不同观点能够公开、深入地讨论

i 对于需要共同解决的问题和其他组织成员的需求具有清晰的认识

j 在决策制定过程中，每一个组织成员的观点和意见都会被考虑进去

k 创业者经常参与全公司范围的活动，如培训、日常例会等

（9）新企业绩效

a 年销售收入

b 净销售收入（净收益/总销售额）

c 投资回报率（投资收益/投资成本）

d 总资产利润率（净利润/总资产）

e 销售额增长速度

f 新员工数量增长速度

g 市场份额增长速度

h 对市场的反应速度

i 公司的整体声誉

j 客户对产品/服务价值的评价

参 考 文 献

中文文献

[1] 陈晓萍, 徐淑英, 樊景立. 组织与管理研究的实证方法 [M]. 北京大学出版社, 2008.

[2] 陈传明, 孙俊华. 企业家人口背景特征与多元化战略选择 [J]. 管理世界, 2008 (5): 124-133.

[3] 陈建勋, 王涛, 翟春晓. TMT 社会网络结构对双元创新的影响——兼论结构刚性的生成与化解 [J]. 中国工业经济, 2016 (12): 140-156.

[4] 陈琛. 新企业创业团队断层对创业行为的影响研究 [D]. 吉林大学, 2014.

[5] 陈文婷. 创业学习、知识获取与创业绩效 [D]. 东北财经大学, 2010.

[6] 陈国权, 宁南. 组织从经验中学习: 现状、问题、方向 [J]. 中国管理科学, 2009, 17 (1): 157-168.

[7] 蔡莉, 汤淑琴, 马艳丽, 高祥. 创业学习, 创业能力与新企业绩效的关系研究 [J]. 科学学研究, 2014, 32 (8): 1189-1197.

[8] 蔡莉, 单标安, 汤淑琴, 高祥. 创业学习研究回顾与整合框架构建 [J]. 外国经济与管理, 2012, 34 (5): 1-8.

[9] 陈伟, 杨早立, 张永超. 网络结构与企业核心能力关系实证研究: 基于知识共享与知识整合中介效应视角 [J]. 管理评论, 2014, 26 (6): 74-82.

[10] 曹勇, 向阳. 企业知识治理、知识共享与员工创新行为——社会资本的中介作用与吸收能力的调节效应 [J]. 科学学研究, 2014, 32 (1): 92 - 102.

[11] 杜海东. 创业团队经验异质性对进入战略创新的影响: 创业学习的调节作用 [J]. 科学学与科学技术管理, 2014, 35 (1): 132 - 139.

[12] 杜跃平, 王欢欢. 创业导向下双元机会能力对新企业绩效的影响——以陕西地区民营新创企业为例 [J]. 科技进步与对策, 2018, 35 (8): 76 - 83.

[13] 樊治平, 孙永洪. 知识共享研究综述 [J]. 管理学报, 2006, 3 (3): 371 - 378.

[14] 付丙海, 谢富纪, 韩雨卿. 创新链资源整合、双元性创新与创新绩效: 基于长三角新创企业的实证研究 [J]. 中国软科学, 2015 (12): 176 - 186.

[15] 顾琴轩, 傅一士, 贺爱民. 知识共享与组织绩效: 知识驱动的人力资源管理实践作用研究 [J]. 南开管理评论, 2009, 12 (2): 59 - 66.

[16] 黄国群. 新创企业组织学习及其与创业绩效关系研究 [D]. 浙江大学, 2008.

[17] 何会涛, 彭纪生. 人力资源管理实践对创新绩效的作用机理研究——基于知识管理和组织学习视角的整合框架 [J]. 外国经济与管理, 2008, 30 (8): 53 - 59.

[18] 胡玮玮, 丁一志, 罗佳, 等. 个性化契约、组织自尊与知识共享行为研究 [J]. 科研管理, 2018, 39 (4): 134 - 143.

[19] 焦豪. 双元型组织竞争优势的构建路径: 基于动态能力理论的实证研究 [J]. 管理世界, 2011 (11): 76 - 91.

[20] 姜翰, 金占明, 焦捷, 马力. 不稳定环境下的创业企业社会资本与企业 "原罪" ——基于管理者社会资本视角的创业企业机会主义

行为实证分析 [J]. 管理世界, 2009 (6): 2-14.

[21] 李圭泉, 席酉民, 刘海鑫. 变革型领导对知识共享的影响机制研究 [J]. 科学学与科学技术管理, 2014, 35 (9): 48-58.

[22] 李纲, 刘益. 知识共享、知识获取与产品创新的关系模型 [J]. 科学学与科学技术管理, 2007, 28 (7): 103-107.

[23] 李雪灵, 马文杰, 姚一玮. 转型经济创业研究现状剖析与体系构建 [J]. 外国经济与管理, 2010 (4): 1-8.

[24] 李俊. 如何更好地解读社会？——论问卷设计的原则与程序 [J]. 调研世界, 2009 (3): 46-48.

[25] 李乾文, 赵曙明, 张玉利. 组织探索能力, 开发能力与企业绩效的实证研究 [J]. 当代财经, 2009 (6): 71-76.

[26] 李佳宾, 汤淑琴. 新企业知识共享、员工创新行为与创新绩效关系研究 [J]. 社会科学战线, 2017 (9): 246-250.

[27] 吕鸿江, 刘洪. 转型经济背景下的组织复杂性动因研究：环境不确定性和战略导向的作用 [J]. 管理工程学报, 2011, 25 (1): 1-9.

[28] 刘新梅, 韩骁, 白杨, 等. 控制机制, 组织双元与组织创造力的关系研究 [J]. 科研管理, 2013, 34 (10): 1-9.

[29] 凌鸿, 赵付春, 邓少军. 双元性理论和概念批判性回顾与未来研究展望 [J]. 外国经济与管理, 2010 (1): 25-33.

[30] 刘衡. 合作双元性与组织间合作绩效的关系研究：以公平感知为调节变量 [D]. 西安交通大学, 2011.

[31] 刘佳, 王馨. 组织内部社会网络联系对知识共享影响的实证研究 [J]. 情报科学, 2013 (2): 105-109.

[32] 刘灿辉, 安立仁. 员工多样性、知识共享与个体创新绩效——一个有调节的中介模型 [J]. 科学学与科学技术管理, 2016, 37 (7): 170-180.

[33] 林嵩, 张帏, 姜彦福. 创业机会的特征与新创企业的战略选

择——基于中国创业企业案例的探索性研究 ［J］. 科学学研究，2006，24（2）：268 – 272.

［34］孟源，张文红，刘新. 创新的获利性研究：基于创新的可占有性视角 ［J］. 管理科学，2013，26（5）：11 – 18.

［35］倪宁，杨玉红. 从知识的形式化表征到创业知识的属性 ［J］. 科学学研究，2011，29（4）：557 – 564.

［36］倪宁. 创业失败与创业知识转化模式的关系研究 ［D］. 上海交通大学，2007.

［37］仝允桓，杨艳，朱恒源，吴贵生. 中国企业的产品创新：从竞争者驱动到顾客导向 ［J］. 科学学与科学技术管理，2009，30（1）：44 – 50.

［38］齐昕，张军，金莉娜. 组织双元性学习与企业竞争优势——基于多项式回归与响应面分析 ［J］. 软科学，2018，32（6）：78 – 82.

［39］任萍. 新企业网络导向，资源整合与企业绩效关系研究 ［D］. 吉林大学，2011.

［40］斯晓夫，王颂，傅颖. 创业机会从何而来：发现，构建还是发现 + 构建？——创业机会的理论前沿研究 ［J］. 管理世界，2016，270（3）：115 – 127.

［41］宋志红，陈澍，范黎波. 知识特性、知识共享与企业创新能力关系的实证研究 ［J］. 科学学研究，2010，28（4）：597 – 604.

［42］单标安，陈海涛，鲁喜凤，等. 创业知识的理论来源、内涵界定及其获取模型构建 ［J］. 外国经济与管理，2015，37（9）：17 – 28.

［43］汤淑琴，蔡莉，陈娟艺，等. 经验学习对新企业绩效的动态影响研究 ［J］. 管理学报，2015，12（8）：1154.

［44］唐靖，张帏，高建. 不同创业环境下的机会认知和创业决策研究 ［J］. 科学学研究，2007，25（2）：328 – 333.

［45］王朝云. 创业机会的内涵和外延辨析 ［J］. 外国经济与管理，2010（6）：23 – 30.

［46］王旭，朱秀梅．创业动机，机会开发与资源整合关系实证研究［J］．科研管理，2010（5）：54－60．

［47］王瑞，薛红志．创业经验与新企业绩效：一个研究综述［J］．科学学与科学技术管理，2010，31（6）：80－84．

［48］王凤彬，陈建勋，杨阳．探索式与利用式技术创新及其平衡的效应分析［J］．管理世界，2012（3）：96－112．

［49］吴晓波，陈颖．中小企业组织二元性对企业绩效的影响机制研究［J］．浙江大学学报（人文社会科学版），2014（5）：1－13．

［50］王燕玲．基于专利分析的我国低技术制造业技术创新特征研究［J］．统计研究，2011，28（4）：57－61．

［51］王娟茹，杨瑾．干系人私人关系、知识共享行为对复杂产品研发绩效的影响［J］．科研管理，2014，35（8）：16－24．

［52］王益民，王艺霖，程海东，等．高管团队异质性、战略双元与企业绩效［J］．科研管理，2015，36（11）：89－97．

［53］王巧然，陶小龙．创业者先前经验对创业绩效的影响——基于有中介的调节模型［J］．技术经济，2016（6）：24－34．

［54］王智宁，王念新，吴金南．知识共享与企业绩效：智力资本的中介作用［J］．中国科技论坛，2014（2）：65－71．

［55］薛红志，王迎军，田莉．创业者先前工作经验与新企业初期绩效关系研究［J］．科学学研究，2009，27（6）：896－903．

［56］徐淑英，边燕杰，郑国汉．中国民营企业的管理和绩效：多学科视角［M］．北京大学出版社，2008．

［57］徐露允，曾德明，张运生．知识网络密度与双元创新绩效关系研究——基于知识基础多元度的调节效应［J］．研究与发展管理，2018，30（1）：72－80．

［58］许冠南．关系嵌入性对技术创新绩效的影响研究——基于探索型学习的中介机制［D］．浙江大学，2008．

［59］薛镭，杨艳，朱恒源．战略导向对我国企业产品创新绩效的

影响——一个高科技行业—非高科技行业企业的比较 [J]. 科研管理，2012，32 (12)：1 - 8.

[60] 许利毅. 科技型企业创业机会类型与初始资源配置的关系研究 [D]. 吉林大学，2008.

[61] 许晖，许守任，冯永春. 新兴国际化企业的双元平衡及实现路径——基于产品—市场情境矩阵的多案例研究 [J]. 管理学报，2014，11 (8)：1132 - 1142.

[62] 杨俊，薛红志，牛芳. 先前工作经验，创业机会与新技术企业绩效——一个交互效应模型及启示 [J]. 管理学报，2011，8 (1)：116 - 125.

[63] 杨俊，韩炜，张玉利. 工作经验隶属性，市场化程度与创业行为速度 [J]. 管理科学学报，2014，17 (8)：10 - 22.

[64] 严杰，刘人境. 创业环境动态性、创业学习与创业机会识别关系研究 [J]. 科技进步与对策，2018，35 (13)：1 - 7.

[65] 殷华方，潘镇，鲁明泓. 他山之石能否攻玉：其他企业经验对外资企业绩效的影响 [J]. 管理世界，2011 (4)：69 - 83.

[66] 朱秀梅，蔡莉，陈巍，柳青. 新创企业与成熟企业的资源管理过程比较研究 [J]. 技术经济，2008，27 (4)：22 - 28.

[67] 朱秀梅，李明芳. 创业网络特征对资源获取的动态影响——基于中国转型经济的证据 [J]. 管理世界，2011 (6)：105 - 115.

[68] 朱秀梅，张妍，陈雪莹. 组织学习与新企业竞争优势关系——以知识管理为路径的实证研究 [J]. 科学学研究，2011，29 (5)：745 - 755.

[69] 赵鑫. 组织创新氛围、知识共享与员工创新行为 [D]. 杭州：浙江大学，2011.

[70] 曾五一，黄炳艺. 调查问卷的可信度和有效度分析 [J]. 统计与信息论坛，2005，20 (6)：11 - 15.

[71] 章丹，胡祖光. 网络结构洞对企业技术创新活动的影响研究

[J]. 科研管理, 2013, 34 (6): 34 – 41.

[72] 张玉利, 李乾文. 公司创业导向, 双元能力与组织绩效 [J]. 管理科学学报, 2009, 12 (1): 137 – 152.

[73] 张玉利, 王晓文. 先前经验, 学习风格与创业能力的实证研究 [J]. 管理科学, 2011, 24 (3): 1 – 12.

[74] 周丽, 张方杰. 制度创新与中小企业创业环境优化 [J]. 华东经济管理, 2006, 20 (8): 40 – 43.

[75] 张虎, 田茂峰. 信度分析在调查问卷设计中的应用 [J]. 统计与决策, 2007 (21): 25 – 27.

[76] 张映红. 动态环境对公司创业战略与绩效关系的调节效应研究 [J]. 中国工业经济, 2008 (1): 105 – 113.

[77] 张军, 许庆瑞, 张素平. 动态环境中企业知识管理与创新能力关系研究 [J]. 科研管理, 2014, 35 (4): 59 – 67.

[78] 张婧, 段艳玲. 市场导向均衡对制造型企业产品创新绩效影响的实证研究 [J]. 管理世界, 2010 (12): 119 – 130.

[79] 朱洪军, 徐玖平. 企业文化, 知识共享及核心能力的相关性研究 [J]. 科学学研究, 2008, 26 (4): 820 – 826.

[80] 赵亚普. 跨界搜索模式下技术和市场的权衡: 组织冗余的调节作用 [D]. 南京大学, 2012.

英文文献

[81] Ansoff H. I. Strategies for diversification [J]. Harvard Business Review, 1957, 35 (5): 113 – 124.

[82] Adler P. S., Goldoftas B., Levine D. I. Flexibility versus efficiency? A case study of model changeovers in the Toyota production system [J]. Organization Science, 1999, 10 (1): 43 – 68.

[83] Ardichvili A., Cardozo R., Ray S. A theory of entrepreneurial opportunity identification and development [J]. Journal of Business venturing, 2003, 18 (1): 105 – 123.

[84] Auh S. , Menguc B. Balancing exploration and exploitation: The moderating role of competitive intensity [J]. Journal of Business Research, 2005, 58 (12): 1652 – 1661.

[85] Atuahene Gima K. Resolving the capability—rigidity paradox in new product innovation [J]. Journal of marketing, 2005, 69 (4): 61 – 83.

[86] Alvarez S. A. , Barney J. B. Discovery and creation: Alternative theories of entrepreneurial action [J]. Strategic Entrepreneurship Journal, 2007, 1 (1 – 2): 11 – 26.

[87] Atuahene Gima K. , Murray J. Y. Exploratory and exploitative learning in new product development: A social capital perspective on new technology ventures in China [J]. Journal of International Marketing, 2007, 15 (2): 1 – 29.

[88] Aidis R. , Estrin S. , Mickiewicz T. Institutions and entrepreneurship development in Russia: A comparative perspective [J]. Journal of Business Venturing, 2008, 23 (6): 656 – 672.

[89] Andriopoulos C. , Lewis M. W. Exploitation-exploration tensions and organizational ambidexterity: Managing paradoxes of innovation [J]. Organization Science, 2009, 20 (4): 696 – 717.

[90] Barney J. Firm resources and sustained competitive advantage [J]. Journal of Management, 1991, 17 (1): 99 – 120.

[91] Baum J. R. , Locke E. A. , Smith K. G. A multidimensional model of venture growth [J]. Academy of Management Journal, 2001, 44 (2): 292 – 303.

[92] Baron R. A. Effectual versus predictive logics in entrepreneurial decision making: Differences between experts and novices [J]. Journal of Business Venturing, 2009, 24 (4): 310 – 315.

[93] Benner M. J. , Tushman M. L. Exploitation, exploration, and process management: The productivity dilemma revisited [J]. Academy of Man-

agement Review, 2003, 28 (2): 238 – 256.

[94] Beckman C. M. The influence of founding team company affiliations on firm behavior [J]. Academy of Management Journal, 2006, 49 (4): 741 – 758.

[95] Bruton G. D. , Ahlstrom D. , Obloj K. Entrepreneurship in emerging economies: Where are we today and where should the research go in the future [J]. Entrepreneurship Theory and Practice, 2008, 32 (1): 1 – 14.

[96] Bhide A. V. The origin and evolution of new businesses [D]. London: Oxford University, 2000.

[97] Buyl T. , Boone C. , Hendriks W. , et al. Top management team functional diversity and firm performance: The moderating role of CEO characteristics [J]. Journal of Management Studies, 2011, 48 (1): 151 – 177.

[98] Birkinshaw J. , Gibson C. Building ambidexterity into an organization [J]. MIT Sloan Management Review, 2004, 45: 47 – 55.

[99] Bierly P. E. Daly P. S. Alternative knowledge strategies, competitive environment, and organizational performance in small manufacturing firms [J]. Entrepreneurship Theory and Practice, 2007, 31 (4): 493 – 516.

[100] Bierly P. E. , Damanpour F. , Santoro M. D. The application of external knowledge: Oorganizational conditions for exploration and exploitation [J]. Journal of Management Studies, 2009, 46 (3): 481 – 509.

[101] Boone C. , Hendriks W. Top management team diversity and firm performance: Moderators of functional-background and locus-of-control diversity [J]. Management Science, 2009, 55 (2): 165 – 180.

[102] Cantor N. , Norem J. , Langston C. , et al. Life tasks and daily life experience [J]. Journal of Personality, 1991, 59 (3): 425 – 451.

[103] Cassar G. Industry and startup experience on entrepreneur forecast performance in new firms [J]. Journal of Business Venturing, 2014, 29 (1): 137 – 151.

[104] Cao Q. , Simsek Z. , Zhang H. P. Modelling the joint impact of the CEO and the TMT on organizational ambidexterity [J]. Journal of Management Studies, 2010, 47 (7): 1272 – 1296.

[105] Cooper A. C. , Folta T. B. , Woo C. Y. Entrepreneurial information search [J]. Journal of Business Venturing, 1995, 10 (2): 107 – 120.

[106] Cowan R. , David P. A. , Foray D. The explicit economics of knowledge codification and tacitness [J]. Industrial and Corporate Change, 2000, 9 (2): 211 – 253.

[107] Colombo M. G. , Grilli L. Founders' human capital and the growth of new technology-based firms: A competence-based view [J]. Research Policy, 2005, 34 (6): 795 – 816.

[108] Chang Y. Y. , Hughes M. Drivers of innovation ambidexterity in small-to medium-sized firms [J]. European Management Journal, 2012, 30 (1): 1 – 17.

[109] Casson M. The entrepreneur: An economic theory [M]. Rowman & Littlefield, 1982.

[110] Chrisman J. J. , Bauerschmidt A. , Hofer C. W. The determinants of new venture Performance: An extended model [J]. Entrepreneurship Theory & Practice, 1998, 23 (1): 5 – 29.

[111] Corbett A. C. Experiential learning within the process of opportunity identification and exploitation [J]. Entrepreneurship Theory and Practice, 2005, 29 (4): 473 – 491.

[112] Cope J. Toward a dynamic learning perspective of entrepreneurship [J]. Entrepreneurship Theory and Practice, 2005, 29 (4): 373 – 397.

[113] Chandler G. N. , Lyon D. W. Involvement in knowledge-acquisition activities by venture team members and venture performance [J]. Entrepreneurship Theory and Practice, 2009, 33 (3): 571 – 592.

[114] Cao Q. , Gedajlovic E. , Zhang H. O. Unpacking organizational

ambidexterity: Dimensions, contingencies, and synergistic effects [J]. Organization Science, 2009, 20 (4): 781 – 796.

[115] Clarysse B. , Bobelyn A. , Palacio A. I. Learning from own and others' previous experience: The contribution of the venture capital firm to the likelihood of a portfolio company's trade sale [J]. Small Business Economics, 2013, 40 (3): 575 – 590.

[116] Corbett A. C. Learning asymmetries and the discovery of entrepreneurial opportunities [J]. Journal of Business Venturing, 2007, 22 (1): 97 – 118.

[117] Duncan R. B. The ambidextrous organization: Designing dual structures for innovation [J]. The Management of Organization, 1976, 1: 167 – 188.

[118] Dutta D. K. , Crossan M. M. The nature of entrepreneurial opportunities: Understanding the process using the 4I organizational learning framework [J]. Entrepreneurship Theory and Practice, 2005, 29 (4): 425 – 449.

[119] Dimov D. Nascent entrepreneurs and venture emergence: Opportunity confidence, human capital, and early planning [J]. Journal of Management Studies, 2010, 47 (6): 1123 – 1153.

[120] Dearborn D. W. , Simon H. A. Selective perception: A note on the departmental identifications of executives [J]. Sociometry, 1958: 140 – 144.

[121] Datta D. K. , Guthrie J. P. , Wright P. M. Human resource management and labor productivity: Does industry matter? [J]. Academy of management Journal, 2005, 48 (1): 135 – 145.

[122] De Clercq D. , Dimov D. , Thongpapanl N. T. Organizational social capital, formalization, and internal knowledge sharing in entrepreneurial orientation formation [J]. Entrepreneurship Theory and Practice, 2013, 37 (3): 505 – 537.

[123] Dew N. , Velamuri S. R. , Venkataraman S. Dispersed knowledge

and an entrepreneurial theory of the firm [J]. Journal of Business Venturing, 2004, 19 (5): 659 – 679.

[124] Derbyshire J. The impact of ambidexterity on enterprise perform-ance: Evidence from 15 countries and 14 sectors [J]. Technovation, 2014, 34 (10): 574 – 581.

[125] Delmar F. , Shane S. Does experience matter? The effect of foun-ding team experience on the survival and sales of newly founded ventures [J]. Strategic Organization, 2006, 4 (3): 215 – 247.

[126] Davidsson P. , Honig B. The role of social and human capital among nascent entrepreneurs [J]. Journal of Business Venturing, 2003, 18 (3): 301 – 331.

[127] Duncan R. B. Characteristics of organizational environments and perceived environmental uncertainty [J] . Administrative Science Quarterly, 1972, 17: 313 – 327.

[128] Eckhardt J. T. , Shane S. A. Opportunities and entrepreneurship [J]. Journal of Management, 2003, 29 (3): 333 – 349.

[129] Evans J. S. B. T. Dual-processing accounts of reasoning, judgment and social cognition [J] . Annual Review of Psychology, 2008, 59: 255 – 278.

[130] Eisenhardt K. M. , Kahwajy J. L. , Bourgeois L. J. Conflict and strategic choice: How top management teams disagree [J]. California Manage-ment Review, 1997, 39: 42 – 62.

[131] Ebben J. J. , Johnson A. C. Efficiency, flexibility, or both? Evi-dence linking strategy to performance in small firms [J]. Strategic Management Journal, 2005, 26 (13): 1249 – 1259.

[132] Endres A. M. , Woods C. R. The case for more "subjectivist" re-search on how entrepreneurs create opportunities [J]. International Journal of Entrepreneurial Behaviour & Research, 2007, 13 (4): 222 – 234.

[133] Fernhaber S. A. , Patel P. C. How do young firms manage product portfolio complexity? The role of absorptive capacity and ambidexterity [J]. Strategic Management Journal, 2012, 33 (13): 1516 – 1539.

[134] Farmer S. M. , Yao X. , Kung M. K. The behavioral impact of entrepreneur identity aspiration and prior entrepreneurial experience [J]. Entrepreneurship Theory and Practice, 2011, 35 (2): 245 – 273.

[135] Fern M. J. , Cardinal L. B. , O'Neill H. M. The genesis of strategy in new ventures: Escaping the constraints of founder and team knowledge [J]. Strategic Management Journal, 2012, 33 (4): 427 – 447.

[136] Floyd S. W. , Wooldridge B. Knowledge creation and social networks in corporate entrepreneurship: The renewal of organizational capability [J]. Entrepreneurship Theory and Practice, 1999, 23: 123 – 144.

[137] Grant R. M. Toward a knowledge-based theory of the firm [J]. Strategic Management Journal, 1996, 17 (S2): 109 – 122.

[138] Gibson C. B. , Birkinshaw J. The antecedents, consequences, and mediating role of organizational ambidexterity [J]. Academy of Management Journal, 2004, 47 (2): 209 – 226.

[139] Gilbert B. A. , McDougall P. P. , Audretsch D. B. New venture growth: A review and extension [J]. Journal of Management, 2006, 32 (6): 926 – 950.

[140] Gupta A. K. , Smith K. G. , Shalley C. E. The interplay between exploration and exploitation [J]. Academy of Management Journal, 2006, 49 (4): 693 – 706.

[141] Grégoire D. A. , Barr P. S. , Shepherd D. A. Cognitive processes of opportunity recognition: The role of structural alignment [J]. Organization Science, 2010, 21: 413 – 431.

[142] Gedajlovic E. , Cao Q. , Zhang H. P. Corporate shareholdings and organizational ambidexterity in high-tech SMEs: Evidence from a transitional

economy [J]. Journal of Business Venturing, 2012, 27 (6): 652 – 665.

[143] Grimpe C. , Sofka W. Search patterns and absorptive capacity: Low-and high-technology sectors in European countries [J]. Research Policy, 2009, 38 (3): 495 – 506.

[144] Grant R. M. Toward a knowledge-based theory of the firm. [J]. Strategic Management Journal, 2015, 17 (S2): 109 – 122.

[145] Hayek F. A. The use of knowledge in society [J]. The American Economic Review, 1945: 519 – 530.

[146] Hirsch – Kreinsen H. "Low – Tech" innovations [J]. Industry and Innovation, 2008, 15 (1): 19 – 43.

[147] Hambrick D. C. , Mason P. A. Upper echelons: The organization as a reflection of its top managers [J]. Academy of Management Review, 1984, 9 (2): 193 – 206.

[148] Huber G. P. Organizational learning: The contributing processes and the literatures [J]. Organization Science, 1991, 2 (1): 88 – 115.

[149] Hellmann T. , Puri M. Venture capital and the professionalization of start-up firms: Empirical evidence [J]. The Journal of Finance, 2002, 57 (1): 169 – 197.

[150] He Z. L. , Wong P. K. Exploration vs. exploitation: An empirical test of the ambidexterity hypothesis [J]. Organization Science, 2004, 15 (4): 481 – 494.

[151] Herrmann P. , Datta D. K. CEO experiences: Effects on the choice of FDI Entry mode [J]. Journal of Management Studies, 2006, 43 (4): 755 – 778.

[152] Holcomb T. R. , Ireland R. D. , Holmes R. M. , et al. Architecture of entrepreneurial learning: Exploring the link among heuristics, knowledge, and action [J]. Entrepreneurship Theory and Practice, 2009, 33 (1): 167 – 192.

［153］ Ireland R. D. , Covin J. G. , Kuratko D. F. Conceptualizing corpo-rate entrepreneurship strategy ［J］. Entrepreneurship Theory and Practice, 2009, 33 (1): 19 – 46.

［154］ Haynes K. T. , Hillman A. The effect of board capital and CEO pow-er on strategic change ［J］. Strategic Management Journal, 2010, 31 (11): 1145 – 1163.

［155］ Hansen D. J. , Shrader R. , Monllor J. Defragmenting definitions of entrepreneurial opportunity ［J］. Journal of Small Business Management, 2011, 49 (2): 283 – 304.

［156］ Hsiu – Fen Lin. Knowledge sharing and firm innovation capability: an empirical study ［J］. International Journal of Manpower, 2013, 28 (3): 315 – 332.

［157］ Inkpen A. C. Dinur A. Knowledge management processes and inter-national joint ventures ［J］. Organization Science, 1998, 9 (4): 454 – 468.

［158］ Minu I. Knowledge sharing in organizations: A conceptual frame-work ［J］. Human Resource Development Review, 2003, 2 (4): 337 – 359.

［159］ Jansen J. J. P. , Van Den Bosch F. A. J. , Volberda H. W. Explor-atory innovation, exploitative innovation, and performance: Effects of organiza-tional antecedents and environmental moderators ［J］. Management Science, 2006, 52 (11): 1661 – 1674.

［160］ Jenkins A. S. , Wiklund J. , Brundin E. Individual responses to firm failure: Appraisals, grief, and the influence of prior failure experience ［J］. Journal of Business Venturing, 2014, 29 (1): 17 – 33.

［161］ Jones M. V. , Casulli L. International entrepreneurship: Exploring the logic and utility of individual experience through comparative reasoning ap-proaches ［J］. Entrepreneurship Theory and Practice, 2014, 38 (1): 45 – 69.

［162］ Kirzner I. Entrepreneurial discovery and the competitive market process: An Austrian approach ［J］. Journal of Economic, 1997, 35 (1):

60 – 85.

［163］ Kyriakopoulos K. , Moorman C. Tradeoffs in marketing exploitation and exploration strategies: The overlooked role of market orientation ［J］. International Journal of Research in Marketing, 2004, 21 (3): 219 – 240.

［164］ Kotha R. , George G. Friends, family, or fools: Entrepreneur experience and its implications for equity distribution and resource mobilization ［J］. Journal of Business Venturing, 2012, 27 (5): 525 – 543.

［165］ Kolb D. A. Experiential learning: Experience as the source of learning and development ［M］. Engle-wood Cliffs, NJ: Prentice Hall, 1984: 67 – 69.

［166］ Katila R. , Ahuja G. Something old, something new: A longitudinal study of search behavior and new product introduction ［J］. Academy of Management Journal, 2002, 45 (6): 1183 – 1194.

［167］ Kleinbaum D. G. , Kupper L. L. , Mulle K. E. , et al. Selecting the best regression equation ［J］. Applied Regression Analysis and Other Multivariable Methods, 1998 (3): 386 – 422.

［168］ Koka B. R. , Prescott J. E. Strategic alliances as social capital: A multidimensional view ［J］. Strategic Management Journal, 2002, 23 (9): 795 – 816.

［169］ Keh H. T. , Foo M. D. , Lim B. C. Opportunity evaluation under risky conditions: The cognitive processes of entrepreneurs ［J］. Entrepreneurship theory and practice, 2002, 27 (2): 125 – 148.

［170］ Kirner E. , Kinkel S. , Jaeger A. Innovation paths and the innovation performance of low-technology firms: An empirical analysis of German industry ［J］. Research Policy, 2009, 38 (3): 447 – 458.

［171］ Kim T. T. , Lee S. , Lee G. , et al. Social capital, knowledge sharing and organizational performance ［J］. International Journal of Contemporary Hospitality Management, 2013, 25 (5): 683 – 704.

［172］Lumpkin G. T. , Lichtenstein B. B. The role of organizational learning in the opportunity-recognition process ［J］. Entrepreneurship Theory and Practice, 2005, 29 (4): 451 −472.

［173］Lim J. A. Y. , Busenitz L. W. , Chidambaram L. New venture teams and the quality of business opportunities identified: Faultlines between subgroups of founders and investors ［J］. Entrepreneurship Theory and Practice, 2013, 37 (1): 47 −67.

［174］Lin Z. , Yang H. B. , Demirkan I. The performance consequences of ambidexterity in strategic alliance formations: Empirical investigation and computational theorizing ［J］. Management Science, 2007, 53 (10): 1645 − 1658.

［175］Li C. R. , Chu C. P. , Lin C. J. The contingent value of exploratory and exploitative learning for new product development performance ［J］. Industrial Marketing Management, 2007, 39 (7): 1186 −1197.

［176］Li Y. , Wei Z. L. , Zhao J. , Zhang C. H. , et al. Ambidextrous organizational learning, environmental munificence and new product performance: Moderating effect of managerial ties in China ［J］. International Journal of Production Economics, 2013, 146 (1): 95 −105.

［177］Luca L. M. , Atuahene − Gima K. Market knowledge dimensions and cross-functional collaboration: Examining the different routes to product innovation performance ［J］. Journal of Marketing, 2007, 71 (1): 95 −112.

［178］Lavie D. , Rosenkopf L. Balancing exploration and exploitation in alliance formation ［J］. Academy of Management Journal, 2006, 49 (4): 797 − 818.

［179］Lubatkin M. H. , Simsek Z. , Ling Y. , Veiga J. F. Ambidexterity and performance in small-to medium-sized firms: The pivotal role of top management team behavioral integration ［J］. Journal of Management, 2006, 32 (5): 646 −672.

[180] Li H. Y. , Zhang Y. The role of managers' political networking and functional experience in new venture performance: Evidence from China's transition economy [J]. Strategic Management Journal, 2007, 28 (8): 791 – 804.

[181] Lichtenthaler U. Absorptive capacity, environmental turbulence, and the complementarity of organizational learning processes [J]. Academy of Management Journal, 2009, 52 (4): 822 – 846.

[182] Liao S. H. Problem solving and knowledge inertia [J]. Expert Systems with Applications, 2002, 22 (1): 21 – 31.

[183] Levinthal D. A. , March J. G. The myopia of learning [J]. Strategic Management Journal, 1993, 14 (S2): 95 – 112.

[184] Marvel M. R. , Droege S. Prior tacit knowledge and first-year sales: learning from technology entrepreneurs [J]. Journal of Small Business and Enterprise Development, 2010, 17 (1): 32 – 44.

[185] Minniti M. , Bygrave W. A dynamic model of entrepreneurial learning [J]. Entrepreneurship Theory and Practice, 2001, 25 (3): 5 – 16.

[186] Murphy G. B. , Trailer J. W. , Hill R. C. Measuring performance in entrepreneurship research [J]. Journal of Business Research, 1996, 36 (1): 15 – 23.

[187] Menguc B. , Auh S. The asymmetric moderating role of market orientation on the ambidexterity-firm performance relationship for prospectors and defenders [J]. Industrial Marketing Management, 2008, 37 (4): 455 – 470.

[188] Mendonça S. Brave old world: Accounting for "high-tech" knowledge in "low-tech" industries [J]. Research Policy, 2009, 38 (3): 470 – 482.

[189] March J. G. Exploration and exploitation in organizational learning [J]. Organization science, 1991, 2 (1): 71 – 87.

[190] McCarthy I. P. , Gordon B. R. Achieving contextual ambidexterity in R&D organizations: A management control system approach [J]. R&D Man-

agement, 2011, 41 (3): 240 – 258.

[191] Mitchell R. K. , Mitchell J. R. , Smith J. B. Inside opportunity formation: Enterprise failure, cognition, and the creation of opportunities [J]. Strategic Entrepreneurship Journal, 2008, 2 (3): 225 – 242.

[192] Man T. W. Y. , Lau T. The Context of entrepreneurship in Hong Kong: An investigation through the patterns of entrepreneurial competencies in contrasting industrial environments [J]. Journal of Small Business and Enterprise Development, 2005, 12 (4): 464 – 481.

[193] Miller D. , Friesen P. H. A longitudinal study of the corporate life cycle [J]. Management Science, 1984, 30 (10): 1161 – 1183.

[194] Morris M. H. , Kuratko D. F. , Schindehutte M. , et al. Framing the entrepreneurial experience [J]. Entrepreneurship Theory and Practice, 2012, 36 (1): 11 – 40.

[195] Newbert S. L. New firm formation: A dynamic capability perspective [J]. Journal of Small Business Management, 2005, 43 (1): 55 – 77.

[196] Nonaka I. A dynamic theory of organizational knowledge creation [J]. Organization Science, 1994, 5 (1): 14 – 37.

[197] Oe A. , Mitsuhashi H. Founders' experiences for startups' fast break-even [J]. Journal of Business Research, 2013, 66 (11): 2193 – 2201.

[198] O'Reilly C. A. , Tushman M. L. The ambidextrous organization [J]. Harvard Business Review, 2004, 82 (4): 74 – 83.

[199] Oliveira M. , Curado C. M. M. , et al. Using alternative scales to measure knowledge sharing behavior [J]. Computers in Human Behavior, 2015, 44 (C): 132 – 140.

[200] Pirolo L. , Presutti M. The impact of social capital on the start-ups' performance growth [J]. Journal of Small Business Management, 2010, 48 (2): 197 – 227.

[201] Peng M. W. , Zhang S. , Li X. CEO duality and firm performance during China's institutional transitions [J]. Management and Organization Review, 2007, 3 (2): 205 – 225.

[202] Fabrizio P. , Giacomo N. Filling empty seats: How status and organizational hierarchies affect exploration versus exploitation in team design [J]. Academy of Management Journal, 2006, 49 (4): 759 – 777.

[203] Petkova A. P. A theory of entrepreneurial learning from performance errors [J]. International Entrepreneurship and Management Journal, 2009, 5 (4): 345 – 367.

[204] Peng M. W. Institutional transitions and strategic choices [J]. Academy of Management Review, 2003, 28 (2): 275 – 296.

[205] Politis D. The process of entrepreneurial learning: A conceptual framework [J]. Entrepreneurship Theory and Practice, 2005, 29 (4): 399 – 424.

[206] Qian G. , Li L. Profitability of small and medium-sized enterprises in high-tech industries: The case of the biotechnology industry [J]. Strategic Management Journal, 2003, 24 (9): 881 – 887.

[207] Robinson P. B. , Sexton E. A. The effect of education and experience on self-employment success [J]. Journal of Business Venturing, 1994, 9 (2): 141 – 156.

[208] Raisch S. , Hotz F. Shaping the context for learning: Corporate alignment initiatives, environmental munificence, and firm performance [J]. Strategic reconfigurations: building dynamic capabilities in rapid-innovation-based industries. Cheltenham, UK: Edward Elgar, 2010: 62 – 85.

[209] Raisch S. , Birkinshaw J. Organizational ambidexterity: Antecedents, outcomes, and moderators [J]. Journal of Management, 2008, 34 (3): 375 – 409.

[210] Robert E. , Hoskisson L. E. , Chung M. L. , et al. Strategy in emer-

ging economies ［J］. The Academy of Management Journal, 2000, 43 （3）: 249 – 267.

［211］ Rerup C. Learning from past experience: Footnotes on mindfulness and habitual entrepreneurship ［J］. Scandinavian Journal of Management, 2005, 21 （4）: 451 – 472.

［212］ Rosenkopf L. , Nerkar A. Beyond local search: Boundary-spanning, exploration, and impact in the optical disk industry ［J］. Strategic Management Journal, 2001, 22 （4）: 287 – 306.

［213］ Rothaermel F. T. , Alexandre M. T. Ambidexterity in technology sourcing: The moderating role of absorptive capacity ［J］. Organization Science, 2009, 20 （4）: 759 – 780.

［214］ Rothaermel F. T. , Deeds D. L. Exploration and exploitation alliances in biotechnology: A system of new product development ［J］. Strategic Management Journal, 2004, 25 （3）: 201 – 221.

［215］ Ren C. R. , Guo C. Middle managers' strategic role in the corporate entrepreneurial process: Attention-based effects ［J］. Journal of Management, 2011, 37 （6）: 1586 – 1610.

［216］ Roxas B. Effects of entrepreneurial knowledge on entrepreneurial intentions: a longitudinal study of selected South-east Asian business students ［J］. Journal of Education & Work, 2014, 27 （4）: 432 – 453.

［217］ Sardana D. , Scott – Kemmis D. Who learns what?: A study based on entrepreneurs from biotechnology new ventures ［J］. Journal of Small Business Management, 2010, 48 （3）: 441 – 468.

［218］ Shan B. A. , Cai L. , Hatfield D. E. , et al. The Relationship between Resources and Capabilities of New Ventures in Emerging Economies ［J］. Information Technology and Management, 2014, 15 （2）: 99 – 108.

［219］ Sheng S. B. , Zhou K. Z. , Li J. J. The effects of business and political ties on firm performance: Evidence from China ［J］. Journal of Marketing, 2011, 75 (1): 1 – 115.

[220] Song J. H. Diversification strategies and the experience of top executives of large firms [J]. StrategicManagement Journal, 1982, 3 (4): 377 – 380.

[221] Schoonhoven C. B. , Romanelli E. The entrepreneurship dynamic: Origins of entrepreneurship and the evolution of industries [M]. Stanford University Press, 2001.

[222] Sarasvathy S. D. , Menon A. R. , Kuechle G. Failing firms and successful entrepreneurs: Serial entrepreneurship as a temporal portfolio [J]. Small business economics, 2013, 40 (2): 417 – 434.

[223] Stinchcombe A. L. Social structure and organizations [J]. Advances in Strategic Management, 2000 (17): 229 – 259.

[224] Shane S. Prior knowledge and the discovery of entrepreneurial opportunities [J]. Organization Science, 2000, 11 (4): 448 – 469.

[225] Shepherd D. A. Learning from business failure: Propositions of grief recovery for the self-employed [J]. Academy of Management Review, 2003, 28 (2): 318 – 328.

[226] Shepherd D. A. , Wiklund J. , Haynie J. M. Moving forward: Balancing the financial and emotional costs of business failure [J]. Journal of Business Venturing, 2009, 24 (2): 134 – 148.

[227] Shepherd D. A. , DeTienne D. R. Prior knowledge, potential financial reward, and opportunity identification [J]. Entrepreneurship Theory and Practice, 2005, 29 (1): 91 – 112.

[228] Shepherd D. A. , Douglas E. J. , Shanley M. New venture survival: Ignorance, external shocks, and risk reduction strategies [J]. Journal of Business Venturing, 2000, 15 (5): 393 – 410.

[229] Stettner U. , Lavie D. Ambidexterity under scrutiny: Exploration and exploitation via internal organization, alliances, and acquisitions [J].

Strategic Management Journal, 2014, 35 (13): 1903 - 1929.

[230] Shane S. , Venkataraman S. The promise of entrepreneurship as a field of research [J]. Academy of Management Journal, 2000, 25 (1): 217 - 226.

[231] Stenmark D. Leveraging tacit organizational knowledge [J]. Journal of Management Information Systems, 2000, 17 (3): 9 - 24.

[232] Simsek Z. , Heavey C. , Veiga J. F. , et al. A Typology for aligning organizational ambidexterity's conceptualizations, antecedents, and outcomes [J]. Journal of Management Studies, 2009, 46 (5): 864 - 894.

[233] Smith W. K. , Tushman M. L. Managing strategic contradictions: A top management model for managing innovation streams [J]. Organization science, 2005, 16 (5): 522 - 536.

[234] Smith B. R. , Matthews C. H. , Schenkel M. T. Differences in entrepreneurial opportunities: The role of tacitness and codification in opportunity identification [J]. Journal of Small Business Management, 2009, 47 (1): 38 - 57.

[235] Stevenson H. H. , Jarillo J. C. A paradigm of entrepreneurship: Entrepreneurial management [J]. Strategic Management Journal, 1990, 11 (5): 17 - 27.

[236] Saemundsson R. , Dahlstrand Å. L. How business opportunities constrain young technology-based firms from growing into medium-sized firms [J]. Small Business Economics, 2005, 24 (2): 113 - 129.

[237] Song M. , Droge C. , Hanvanich S. , et al. Marketing and technology resource complementarity: An analysis of their interaction effect in two environmental contexts [J]. Strategic Management Journal, 2005, 26 (3): 259 - 276.

[238] Su Z. F. , Peng J. S. , Shen H. , et al. Technological capability, marketing capability, and firm performance in turbulent conditions [J]. Man-

agement and Organization Review, 2013, 9 (1): 115 – 137.

[239] Thornhill S. Knowledge, innovation and firm performance in high-and low-technology regimes [J]. Journal of Business Venturing, 2006, 21 (5): 687 – 703.

[240] Tornikoski E. T. Newbert S. L. Exploring the determinants of organizational emergence: A legitimacy perspective [J]. Journal of Business Venturing, 2007, 22 (2): 311 – 315.

[241] Tominc P. , Rebernik M. Growth aspirations and cultural support for entrepreneurship: A comparison of post-socialist countries [J]. Small Business Economics, 2007, 28 (2 – 3): 239 – 255.

[242] Tushman M. L. , O'Reilly C. A. Ambidextrous organizations: Managing evolutionary and revolutionary change [J]. California Management Review, 1996, 38: 8 – 30.

[243] Tsai K. H. , Ksu T. T. Cross – Functional collaboration, competitive intensity, knowledge integration mechanisms, and new product performance: A mediated moderation model [J]. Industrial Marketing Management, 2014, 43 (2): 293 – 303.

[244] Timmons J. A. Opportunity recognition: The core of entrepreneurship [J]. Frontiers of Entrepreneurship Research, 1987: 109 – 123.

[245] Ucbasaran D. , Westhead P. , Wright M. The extent and nature of opportunity identification by experienced entrepreneurs [J]. Journal of Business Venturing, 2009, 24 (2): 99 – 115.

[246] Ucbasaran D. , Westhead P. , Wright M. Opportunity identification and pursuit: Does an entrepreneur's human capital matter? [J]. Small Business Economics, 2008, 30 (2): 153 – 173.

[247] Ucbasaran D. , Westhead P. , Wright M. , et al. The nature of entrepreneurial experience, business failure and comparative optimism [J]. Journal of Business Venturing, 2010, 25 (6): 541 – 555.

[248] Venkatraman N. , Lee C. H. , Iyer B. Strategic ambidexterity and sales growth: A longitudinal test in the software sector [C]. Paper presented at the Unpublished Manuscript, 2007.

[249] Vries J. , Schepers J. , Weele A. , van der Valk W. When do they care to share? How manufacturers make contracted service partners share knowledge [J]. Industrial Marketing Management, 2014, 43 (7): 1225 – 1235.

[250] Vries J. , Schepers J. , Weele A. When do they care to share? How manufacturers make contracted service partners share knowledge [J]. Industrial Marketing Management, 2014, 43 (7): 1225 – 1235.

[251] Wenpin Tsai. Social Structure of "Coopetition" within a Multiunit Organization: Coordination, Competition, and Intraorganizational Knowledge Sharing [J]. Organization Science, 2002, 13 (2): 179 – 190.

[252] Yu X. Y. , Chen Y. , Nguyen B. , et al. Ties with government, strategic capability, and organizational ambidexterity: Evidence from China's information communication technology industry [J]. Information Technology and Management, 2014, 15 (2): 81 – 98.

[253] Yeşil S. , Koska A. , Büyükbeşe T. Knowledge Sharing Process, Innovation Capability and Innovation Performance: An Empirical Study [J]. Procedia Social and Behavioral Sciences, 2013, 75: 217 – 225.

[254] Zhan W. , Chen R. Dynamic capability and IJV performance: The effect of exploitation and exploration capabilities [J]. Asia Pacific Journal of Management, 2013, 30 (2): 601 – 632.

[255] Zhang Y. L. , Yang J. , Tang J. T. , et al. Prior experience and social class as moderators of the planning-performance relationship in China's emerging economy [J]. Strategic Entrepreneurship Journal, 2013, 7 (3): 214 – 229.

[256] Zahra S. A. , Bogner W. C. Technology strategy and software new

ventures' performance: Exploring the moderating effect of the competitive environment [J]. Journal of Business Venturing, 2000, 15 (2): 135 – 173.

[257] Zhan W. , Chen R. Dynamic capability and IJV performance: The effect of exploitation and exploration capabilities [J]. Asia Pacific Journal of Management, 2013, 30 (2): 601 – 632.

[258] Zahra S. A. , Nielsen A. P. Sources of capabilities, integration and technology commercialization [J]. Strategic Management Journal, 2002, 23 (5): 377 – 398.

[259] Zhou K. Z. , Li C. B. How knowledge affects radical innovation: Knowledge base, market knowledge acquisition, and internal knowledge sharing [J]. Strategic Management Journal, 2012, 33 (9): 1090 – 1102.

[260] Zhang A. Y. , Tsui A. S. , Wang D. X. Leadership behaviors and group creativity in Chinese organizations: The role of group processes [J]. The Leadership Quarterly, 2011, 22 (5): 851 – 862.

[261] Zheng Y. F. Unlocking founding team prior shared experience: A transactive memory system perspective [J]. Journal of Business Venturing, 2012, 27 (5): 577 – 591.

[262] Zhang J. , Wong P. K. Networks vs. market methods in high-tech venture fundraising: The impact of institutional environment [J]. Entrepreneurship and Regional Development, 2008, 20 (5): 409 – 430.

[263] Zhou K. Z. , Yim C. K. , Tse D. K. The effects of strategic orientations on technology and market-based breakthrough innovations [J]. Journal of Marketing, 2005, 69 (2): 42 – 60.

[264] Zahra S. A. , Neubaum D. O. , Larrañeta B. Knowledge sharing and technological capabilities: The moderating role of family involvement [J]. Journal of Business Research, 2007, 60 (10): 1070 – 1079.

后　　记

本书是著者的博士论文修改而成，论题来源于导师所主持的国家自然科学基金重点项目《中国转型经济背景下企业创业机会与资源开发行为研究》。在"大众创业，万众创新"时代背景下，新企业在促进经济增长与转型方面起到了举足轻重的作用。在技术变革迅速及全球化深入发展的今天，新企业的创建和成长面临着复杂多变的外部环境，如何保持动态竞争优势对于新企业的成长具有重要的意义。机会是创业过程中的核心要素和创业研究者关注的焦点问题，也是新企业在经济新常态下面临的关键问题。因此，深入探讨我国转型环境下新企业如何选择合适的发展机会以跨越死亡幽谷并实现快速成长对于中国的经济转型和创业实践具有重要的理论和实践意义。

博士论文选题关注创业者经验的原因主要源于研究生期间多次企业的实地调研和访谈，在理论研究中多数强调创业者先前经验对新企业绩效的积极影响，但是现实观察发现，很多具备同等丰富经验和能力的创业者和团队所创建的企业绩效表现存在很大的差异，甚至具备过多经验的创业者表现更差或面临创业失败，这是为什么呢？这个问题在一直停留在大脑中。后来随着对创业理论、中国转型环境特性的深入研究，逐渐形成了博士论文关注的核心问题：新企业如何选择探索和利用型机会以平衡短期和长期的发展，进而构建双元型组织；作为企业核心人物的创业者是如何影响这一平衡过程，知识共享在创业者经验发挥效用过程中所起的作用。最终，博士论文从双元机会识别视角，分析创业者经验、双元机会识别、知识共享与新企业绩效间的复杂关系，并探讨不同行业背景下模型存在的差异。

博士论文的最初思路形成、理论框架确定及后期的撰写修改，一路以来都离不开导师蔡莉教授的悉心指导。虽然老师行政工作非常忙，但是在博士论文初稿完成后老师依然抽出时间一遍又一遍地耐心修改，甚至还找出很多错别字，老师的这种严谨态度一直影响着我，在工作后的项目申请和论文撰写过程中，都会一遍又一遍地纠正错别字，减少低级错误。同时在论文的写作及后期专著的修改和撰写过程中，吉林大学的陈娟艺博士、温超博士和郑州大学的陈彪博士都给予了极大的帮助，感谢你们牺牲自己的宝贵时间帮我整理文献和论文格式，感谢你们在数据收集过程中给予的大力支持。

另外，本书的撰写过程中，还得到了东华理工大学经济与管理学院同仁和学校其他相关部门的鼎力支持，以及同办公室的校友张丽颖师姐在专著出版过程中给予的指导，在此表示衷心的感谢！

由于著者才疏学浅，未免有不当之处，敬请包涵并提出宝贵意见。

汤淑琴

2018 年 9 月